Anja Fitzen

Wie die Bibel entstanden ist

Ein Stationenlernen
in *zwei Differenzierungsstufen*

Verlag an der Ruhr

Impressum

Titel
Wie die Bibel entstanden ist
Ein Stationenlernen in zwei Differenzierungsstufen

Autorin
Anja Fitzen

Titelbildmotiv
© Gina Sanders – Fotolia.com

Bildnachweise Stationen/Wahlstationen – Fotolia.com:
Station 1 © Christy Thompson, Station 2 © Nejron Photo, Station 4 © LogoArt, Station 5 © Africa Studio, Station 6 © LeitnerR, Station 9 © PackShot, Wahlstation 1 © a.k., Wahlstation 2 © Wieselpixx, Wahlstation 3 © pf30

Weitere Bildnachweise Stationen:
Station 3 © Gryffindor/wikimedia.org, Station 7 © wikimedia.org, Station 8 © wikimedia.org

Verlag an der Ruhr
Mülheim an der Ruhr
www.verlagruhr.de

Geeignet für die Klassen 5 – 8

Unser Beitrag zum Umweltschutz
Wir sind seit 2008 ein ÖKOPROFIT®-Betrieb und setzen uns damit aktiv für den Umweltschutz ein. Das ÖKOPROFIT®-Projekt unterstützt Betriebe dabei, die Umwelt durch nachhaltiges Wirtschaften zu entlasten. Unsere Produkte sind grundsätzlich auf chlorfrei gebleichtes und nach Umweltschutzstandards zertifiziertes Papier gedruckt.

ISBN 978-3-8346-2339-3

Printed in Germany

Inhaltsverzeichnis

Pflichtstationen

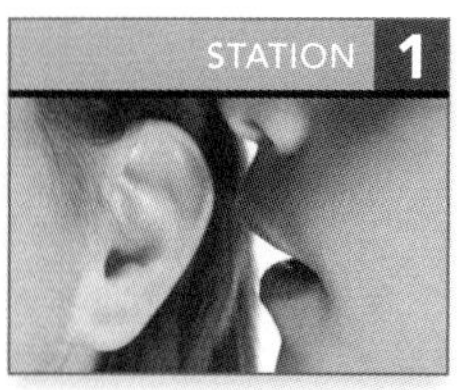

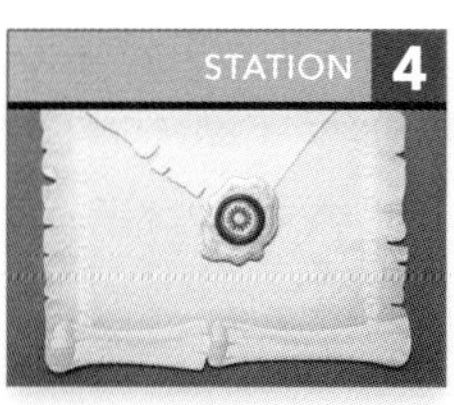

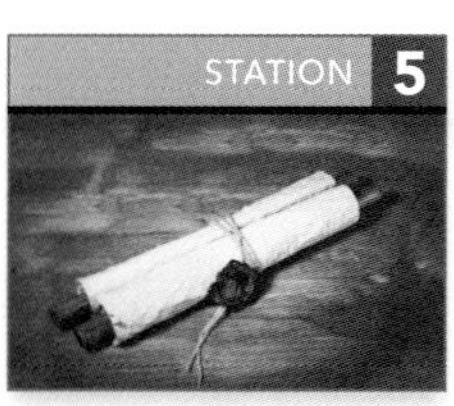

Inhaltsverzeichnis

Wahlstationen

Vorwort

Wer sich mit der Bibel beschäftigen will, wird schnell verstehen, welch große Bedeutung dabei auch dem **Entstehungsprozess des „Buchs der Bücher"** zukommt. Im Unterricht wird jedoch diese Entstehungsgeschichte der Bibel oft nur angerissen und kommt viel zu kurz, wobei es insbesondere für die Sekundarstufe an Materialien für dieses Lehrplanthema fehlt. Dabei ist die Auseinandersetzung mit der Entstehungsgeschichte für die Schüler* unbedingt wichtig, damit sie die Bibel wirklich verstehen und richtig deuten können. Vor diesem Hintergrund wurde dieses **2-fach differenzierte Stationenlernen für die Sek I** entwickelt, mehrfach in der Praxis erprobt und stetig optimiert. Die Kopiervorlagen richten sich hauptsächlich an die **Klassen 5 bis 8**; bei leistungsschwachen Gruppen lassen sie sich aber durchaus auch in höheren Klassenstufen einsetzen.

Die Stationenarbeit fasst die Entstehungsgeschichte in **neun Pflichtstationen** zusammen: Die ersten sechs Stationen beschäftigen sich mit der Entstehung der biblischen Schriften bis zu ihrer Kanonisierung im zweiten nachchristlichen Jahrhundert; die letzten drei befassen sich dann mit der Geschichte der Bibel als Buch, das über Jahrhunderte hinweg immer wieder im Zentrum wichtiger politischer und gesellschaftlicher Ereignisse stand und die Gesellschaft geprägt hat. Darüber hinaus gibt es **drei Wahlstationen**, die sich nicht mehr streng nur um die Geschichte der Bibel drehen, sondern thematisch weiter gefasst und – z.B. als Belohnung für die schnelleren Schüler – spielerischer gestaltet sind.

Die **Vorteile der Arbeit an Stationen** liegen auf der Hand: Die Schüler arbeiten größtenteils **selbstständig** und **in eigenem Lerntempo** und können **je nach individuellem Interesse und Leistungsniveau** wählen, welches Thema und welche Niveaustufe sie als Nächstes bearbeiten möchten. Auch die **Lösungen zur Selbstkontrolle** fördern das selbstständige Lernen und die Reflexion. Gleichzeitig stärken die Schüler aber auch ihre **Teamfähigkeit**, da einige Aufgaben in Gruppenarbeit gelöst werden müssen. Neben der **Sachkompetenz** zum Thema wird vor allem die **Methodenkompetenz** gefördert, indem die Schüler trainieren, verschiedenen Quellen, wie unterschiedlichen Textarten und Bildern, Informationen zu entnehmen und diese zu vernetzen und auszuwerten.

Die in diesem Band enthaltenen **Kopiervorlagen** sind alle **sofort einsetzbar**, und das Stationenlernen bedarf nur wenig weiterer Vorbereitung. Alle dafür nötigen Hinweise finden Sie auf den folgenden acht Seiten. Sie können also **gleich loslegen und Ihre Schüler auf die Reise zu den Ursprüngen der Bibel schicken**. Ich wünsche Ihnen und Ihren Schülern viel Spaß dabei!

Anja Filzen

---

* Aus Gründen der besseren Lesbarkeit haben wir in diesem Buch durchgehend die männliche Form verwendet. Natürlich sind damit auch immer Frauen und Mädchen gemeint, also Lehrerinnen, Schülerinnen etc.

Hinweise zum Umgang mit dem Material

Aufbau und Vorbereitung

Für die Stationsarbeit benötigen Sie **einzelne Stationen** mit jeweils ein oder zwei zusammengeschobenen Tischen, sodass die Schüler von Station zu Station gehen und tatsächlich vor Ort die Aufgaben bearbeiten (jede Station sollte möglichst einen festen Platz haben, an dem die Schüler sie jede Woche wiederfinden). Alternativ können Sie aber auch an einer Wand des Klassenraums aus einer langen Tisch-Reihe eine **Lerntheke** einrichten, an der Sie alle Materialien nebeneinander auslegen und von wo sich die Schüler die benötigten Vorlagen holen, um diese dann an ihrem eigenen Tisch zu bearbeiten.

Die Kopiervorlagen in diesem Band folgen folgendem Aufbau: **Jede der neun Pflichtstationen** besteht aus je einem Infoblatt, einem Arbeitsblatt und einem Lösungsblatt.

Achtung:

Zunächst sollten Sie sich überlegen, ob Sie das Niveau für die ganze Klasse festlegen, ob Sie einzelnen Schülern eine bestimmte Niveaustufe zuteilen oder ob die Schüler frei wählen dürfen, welchen Schwierigkeitsgrad sie bearbeiten möchten (s.u. **„Differenzierungsmöglichkeiten"**)! Davon hängt ab, welche Vorlagen Sie für das Stationenlernen auslegen müssen.

Das **Infoblatt**, welches Texte und Abbildungen zu dem jeweiligen Thema beinhaltet, wird an der jeweiligen Station ausgelegt. Da häufig mehrere Schüler gleichzeitig dieselbe Station bearbeiten, sollten Sie das Blatt 3- bis 4-mal kopieren. Idealerweise laminieren Sie die Infoblätter, damit Sie und die Schüler möglichst lange etwas davon haben. Das jeweilige **Arbeitsblatt** wird im Klassensatz kopiert und zu dem Infoblatt gelegt. Auf ihm finden die Schüler zunächst Verständnisaufgaben zu dem Material auf dem Infoblatt, im Anschluss aber auch weiterführende Transferaufgaben sowie handlungsorientierte Arbeitsaufträge, bei denen die Schüler das neue Wissen sowie verschiedene Methoden anwenden müssen. Das **Lösungsblatt** benötigen Sie wieder nur in 3- bis 4-facher Ausführung – auch hier ist es sinnvoll, die Seiten zu laminieren. Die Lösungsblätter sind identisch mit den Arbeitsblättern aufgebaut, um den Schülern die **Selbstkontrolle** zu vereinfachen. Bezüglich der Kontrolle und Auswertung sollten Sie sich vorab überlegen, ob Sie den Schülern die Lösungsblätter wirklich zur Selbstkontrolle zur Verfügung stellen oder ob Sie am Ende der Einheit die Arbeiten der Schüler **einsammeln und bewerten** möchten. Selbst wenn die Schüler ihre Antworten eigenständig kontrollieren und korrigieren, können Sie natürlich dennoch verschiedene Aspekte bewerten, bspw. ob der jeweilige Schüler die Arbeitsblätter ordentlich ausgefüllt und seine Arbeitsergebnisse sauber in einer Mappe gesammelt hat.

Es bietet sich an, alle zu einer Station gehörenden Vorlagen in eine **Mappe** zu stecken, sodass man immer schnell alles zusammen hat und nichts durcheinandergerät.
Für einige wenige Stationen wird neben den Kopiervorlagen **zusätzliches Material**, wie bspw. Bibeln, ein MP3-Player oder ein Internetzugang, benötigt, das Sie zu Beginn bereitstellen sollten. Die nötigen Informationen finden Sie in der „Übersicht der Stationen" (s. S. 8–13).

Sobald alle Stationen aufgebaut sind, sollten Sie **den Schülern genau erklären**, was in den nächsten Unterrichtsstunden auf sie zukommt und **wie sie die Stationen bearbeiten sollen**. Teilen Sie dazu den **Laufzettel** aus (s. S. 14), und lassen Sie die Schüler eventuelle Rückfragen stellen. Eventuell bestimmen Sie am Anfang der Unterrichtseinheit einzelne Schüler, die für eine bestimmte Station zuständig sind und zu Beginn jeder Stunde die Vorlagen/Mappen und eventuelles Zusatzmaterial an „ihrer" Station bereitlegen. Am Ende der Stunde sind sie dafür verantwortlich, alles wieder zurück zum Lehrerpult zu bringen.

Im Hinblick auf die **Zeitplanung** hat die Erfahrung gezeigt, dass die Schüler durchschnittlich eine Schulstunde pro Station brauchen.

Hinweise zum Umgang mit dem Material

Durchführung und Nachbereitung

Während der Arbeit an den Stationen gehen die Schüler selbstständig vor. Sie sollten **bei Fragen als Ansprechpartner** zur Verfügung stehen und die Schüler ggf. **organisatorisch unterstützen**, wenn sich für einzelne Aufgaben Partner oder Kleingruppen zusammenfinden müssen.

Die Stationen sind zwar **chronologisch nummeriert**, müssen aber **nicht zwangsläufig in dieser Reihenfolge bearbeitet** werden. Allerdings hat es sich gerade mit jüngeren Schülern bewährt, zum Abschluss der Unterrichtseinheit gemeinsam einen **Zeitstrahl zur Geschichte der Bibel** zu entwickeln, um die zeitliche Einordnung zu veranschaulichen. Dies kann entweder an der Tafel erfolgen oder, für die Schüler schöner und anschaulicher, mit einer Perlenschnur (siehe Abbildung). Die Schüler ziehen dazu Perlen auf eine Schnur (der Abstand zwischen zwei Perlen entspricht zehn Jahren; jede zehnte Perle sollte eine andere Farbe bekommen, sodass die Jahrhunderte markiert sind) und befestigen dazwischen Kärtchen, auf denen sie die wichtigen Ereignisse notieren.

Differenzierungsmöglichkeiten

Um den immer heterogeneren Leistungsständen im Schulalltag gerecht zu werden, liegt jede der neun Pflichtstationen in **zwei Differenzierungsstufen** vor. Bei der ersten Niveaustufe sind die Texte etwas einfacher formuliert, und die Fragen auf den Arbeitsblättern orientieren sich stark am Material auf den Infoblättern. In der höheren Niveaustufe hingegen sind die Texte und Fragen anspruchsvoller und teilweise umfangreicher; außerdem fordern sie zu mehr eigenen Überlegungen und Recherchen auf (worin genau der jeweilige Unterschied bzgl. des Schwierigkeitsgrades besteht, können Sie in der „Übersicht der Stationen" (s. S. 8–13) nachlesen). Damit Sie sich schnell zurecht finden, sind die Kopiervorlagen jeweils **oben gekennzeichnet**:

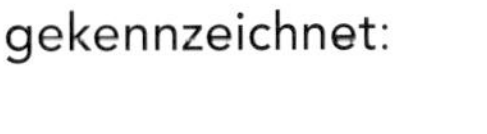 = **Niveau I** – Grundwissen

 = **Niveau II** – erweitertes Wissen und Transfer

Für den **Einsatz dieser Differenzierungsstufen** gibt es verschiedene Möglichkeiten:

- Zum einen können Sie das Niveau **der Klassenstufe entsprechend** auswählen: Für eine 5. oder 6. Klasse eignet sich sicherlich Niveau I besser, wohingegen Sie einer 7., 8. oder 9. Klasse eher das Niveau II zumuten können.
- Zum anderen lässt sich das Material auch zur **Binnendifferenzierung** innerhalb einer Klasse einsetzen. Hier muss vorher entschieden werden, ob die Schüler bei jeder Station **selbst auswählen können, welches Niveau sie bearbeiten wollen**, oder ob Sie eine **Einteilung vorgeben**. Beides hat Vor- und Nachteile, und es hängt sicherlich auch von der jeweiligen Klasse und ihrer Erfahrung mit Freiarbeit ab, für welches Vorgehen man sich entscheidet. Können die Schüler sich bereits gut selbst einschätzen, kann man sie durchaus allein entscheiden lassen; fehlt diese Erfahrung noch oder neigen die Schüler zu Fehleinschätzungen, ist mindestens ein Ratschlag von Lehrerseite sinnvoll.

Übersicht der Stationen

In dieser Übersicht erhalten Sie zu jeder Station zusammengefasst die wichtigsten Informationen zu Inhalt und Lernziel sowie Hinweise auf die Unterschiede der beiden Niveaustufen, auf eventuelle Besonderheiten bei der Sozialform (wenn ausnahmsweise etwas nicht in Einzelarbeit bearbeitet werden kann) und auf ggf. zusätzlich benötigtes Material.

Pflichtstationen

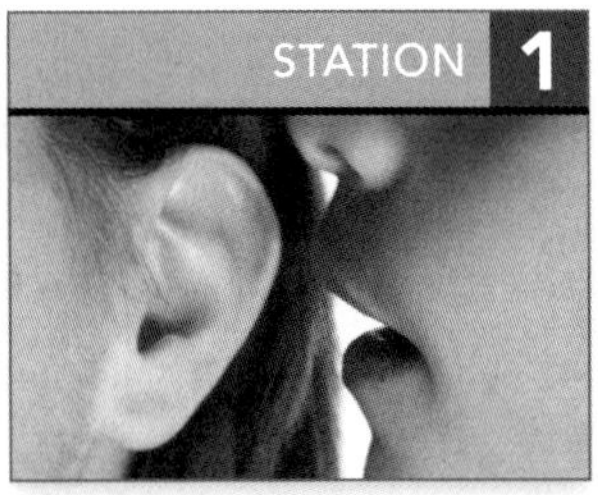

Die erste Station befasst sich mit der **mündlichen Überlieferung** der ersten biblischen Geschichten. Hierbei sollen die Schüler erstens feststellen, dass sich beim Weitererzählen einer Geschichte zwar gelegentlich der genaue Wortlaut ändert, die Handlung und vor allem die Aussage der Geschichte hingegen nicht. Darüber hinaus erfahren die Schüler, dass Texte, die einem bestimmten Schema folgen, wie z.B. einem Versmaß oder einer Reimform, öfter wortgenau überliefert werden als freie Texte.

Bei Niveau I soll diese Erkenntnis anhand des Spiels „Stille Post" erarbeitet werden. Dies kann selbstverständlich nur in **Gruppenarbeit** erfolgen – je größer die Gruppe dabei ist, desto besser (eventuell müssen Sie als Lehrkraft hier koordinierend eingreifen, damit sich möglichst eine Gruppe von Schülern zusammenfindet, die alle gerade diese Station bearbeiten). Anschließend wird die gewonnene Erkenntnis auf die Überlieferung der biblischen Geschichten übertragen.

Bei Niveau II sollten die Schüler durch eigene Überlegungen zu dieser Erkenntnis kommen.

Benötigtes Zusatzmaterial

Für Niveau II:

- **Bibeln** und eventuell auch ein **PC mit Internetzugang**, damit die Schüler die Rechercheaufgaben lösen können (alternativ eignet sich auch ein **Bibellexikon**)

An der zweiten Station wird die **erste Verschriftlichung** der biblischen Texte behandelt, wobei hier eine didaktische Reduktion auf die hebräische und griechische Schrift der biblischen Originaltexte erfolgt. Es wäre für diese Altersgruppe zu umfangreich und komplex, bspw. auf die verschiedenen Quellen des Alten Testaments einzugehen. Fremde Schriften hingegen wecken meistens Neugier und Interesse bei den Schülern. Sie sollen hier vor allem die Besonderheiten der relevanten Schriften erkennen und ihren eigenen Namen in beiden Sprachen, also Hebräisch und Griechisch, schreiben. Im höheren Niveau soll zusätzlich die Bedeutung der Schrift für die Entwicklung einer Gesellschaft erarbeitet werden.

Es wird **kein zusätzliches Material** benötigt.

Übersicht der Stationen

Bei der dritten Station sollen die Schüler sich mit der Zeit des **Babylonischen Exils** auseinandersetzen, während der mit der Priesterschrift ein großer Teil des Alten Testaments entstand. Bei Niveau I liegt der Schwerpunkt auf der Erkenntnis, dass Menschen in der Fremde häufig besonders an der Kultur ihres Herkunftslandes hängen, da dies als letzte Verbindung zur Heimat empfunden wird. Hierzu soll die Situation des jüdischen Jungen Daniel zur Zeit des Babylonischen Exils mit der des türkischstämmigen Mädchens Amila im heutigen Deutschland verglichen werden. In Niveau II steht eine vertiefende Betrachtung der Lebensumstände der Juden während des Babylonischen Exils im Mittelpunkt, doch auch hier sollen die Schüler einen Bezug zu ähnlichen Situationen in der heutigen Zeit herstellen.

Benötigtes Zusatzmaterial

Für beide Niveaustufen:

- ein **Lexikon** oder ein **PC mit Internetzugang** für die das Textverständnis sichernden Aufgaben

Außerdem für Niveau II:

- ein **MP3-Player** mit dem Lied „By the Rivers of Babylon" von Boney M. (kann bei iTunes oder Amazon kostengünstig heruntergeladen werden); es ist außerdem sinnvoll, den **Liedtext** (ggf. auch in der deutschen Übersetzung) zusätzlich auszudrucken und an der Station auszulegen
- ein **Atlas** oder eine **(historische) Karte** (mit Maßstab!), auf der sowohl Jerusalem als auch Babylon zu sehen ist
- **Bibeln**

Die vierte und fünfte Station behandeln die **Entstehung des Neuen Testaments.** Station 4 befasst sich im leichteren Niveau zunächst mit der Aufteilung des Neuen Testaments in die Evangelien, die Apostelgeschichte, die Briefe und die Offenbarung und legt (bei beiden Niveaustufen) den Schwerpunkt auf **die Reisen und die Briefe des Paulus.** Die Schüler stellen dann anhand von Karten des Mittelmeerraumes fest, welche heutigen Länder Paulus besucht hat. Zusätzlich sollen die Schüler vor dem Hintergrund, dass Paulus hauptsächlich an Gemeinden geschrieben hat, die er persönlich kannte oder oft sogar selbst gegründet hatte, herausfinden, welche Briefe in der Bibel von Paulus stammen könnten.

Beim schwereren Niveau beschäftigen die Schüler sich verstärkt mit den Inhalten der Briefe, also mit den Schwierigkeiten der urchristlichen Gemeinden. Dazu befassen sie sich mit den Gruppen der Judenchristen und Heidenchristen. Damit die Schüler bei Aufgabe 5 selbst einen Brief an ihre eigene Gemeinde oder Stadt schreiben können, müssen Sie zuvor den **Namen der Einwohner auf dem Arbeitsblatt eintragen**.

Benötigtes Zusatzmaterial

Für beide Niveaustufen:

- **Bibeln**
- eine **Karte von den Reisen des Paulus**, z.B. aus einem Bibel-Atlas oder unter http://classic.scriptures.lds.org/de/biblemaps/13 (achten Sie darauf, dass alle Reisen eingetragen sind) – alternativ können die Schüler mit einem **PC mit Internetzugang** auch selbst nach einer Karte suchen
- eine **politische Karte des Mittelmeerraumes**, bzw. ein **Atlas**

Übersicht der Stationen

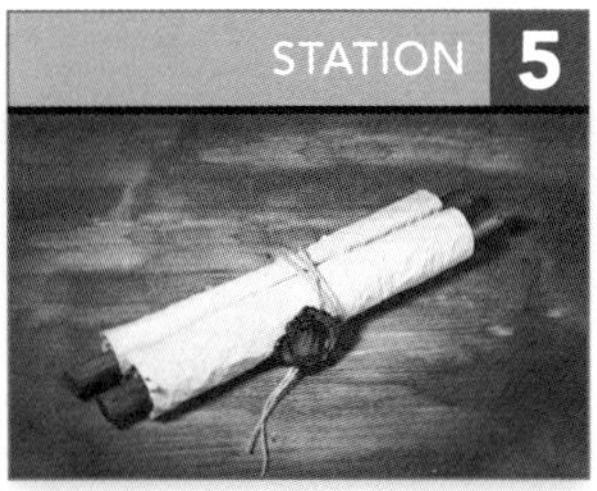

Diese Station beschäftigt sich mit der **Entstehung der Evangelien**. Hierbei erarbeiten die Schüler mit verschiedenen Hilfestellungen die Zwei-Quellen-Theorie. Bei Niveau I sollen die Schüler sich zuerst in die Rolle eines Lehrers versetzen, der bei einer Klassenarbeit mehrere Schüler im Verdacht hat, abgeschrieben zu haben, und herausfinden möchte, wessen Arbeit das „Original" ist. Beim höheren Niveau werden auf etwas abstrakterer Ebene direkt die entscheidenden Informationen über die Evangelien gegeben, was aber letztendlich zur selben Schlussfolgerung führen soll. Die Schüler verbildlichen sich schließlich in beiden Niveaustufen mit Hilfe einer Grafik, in der die drei synoptischen Evangelien und die Quelle Q (allerdings nur als „nicht mehr erhaltene Quelle") dargestellt sind, welche Texte sich beeinflusst haben. Zusätzlich sollen die Schüler beim höheren Niveau erarbeiten, dass die verschiedenen Evangelien sich an unterschiedliche Adressaten richteten.

Benötigtes Zusatzmaterial

Für Niveau II:

- **Bibeln** und ggf. eine Synopse, damit die Schüler diesen Vergleich der Evangelien einmal betrachten können (zwingend notwendig ist dies aber nicht)

An der sechsten Station wird die **Kanonisierung der Bibel** thematisiert, wobei der Schwerpunkt neben den verschiedenen Phasen der Kanonisierung vor allem auf dem Ergebnis dieses Prozesses, also dem heutigen Aufbau der Bibel, liegt. Der Aufbau der Bibel soll u.a. mit Hilfe des Merkgedichts von Martin Luther kennengelernt werden. Bei Niveau II sollen die Schüler außerdem herausfinden, welche weiteren Evangelien es gab, und recherchieren, warum einige dieser frühen Evangelien aus dem Kanon aussortiert wurden.

Benötigtes Zusatzmaterial

Für beide Niveaustufen:

- **Bibeln** als Hilfestellung für die Vervollständigung des Merkgedichts

Außerdem für Niveau II:

- ein **PC mit Internetzugang** für die Recherchen zu den apokryphen Evangelien

---

Die letzten drei Stationen behandeln nun die Geschichte der Bibel als Buch. Bei Station 7 wird die **Entwicklung des Buchdrucks** thematisiert, wobei den Schülern besonders deutlich gemacht werden soll, welche Bedeutung Gutenbergs Erfindung des Drucks mit beweglichen Lettern gegenüber dem früheren Druckverfahren mit geschnitzten Holzplatten oder gar dem Abschreiben mit der Hand hatte. Dafür wenden die Schüler die verschiedenen Techniken selbst an. Während sie bei Niveau I nur das Abschreiben und das Setzen mit beweglichen Lettern vergleichen, probieren sie bei Niveau II auch den Holzdruck – in diesem Fall mit Linolplatten – aus (diese Technik ist für jüngere Schüler doch recht gefährlich, da man sich leicht in die Finger schneiden kann). So können die Schüler durch eigenes Ausprobieren erfahren, wie viel geringer der Arbeitsaufwand beim Druck mit beweglichen Lettern ist. Es bietet sich an, dass die Schüler diese Aufgaben in **Partnerarbeit oder als Kleingruppen** durchführen – hier müssen Sie als Lehrkraft ggf. koordinierend eingreifen, damit sich die Paare/Gruppen möglichst schnell zusammenfinden.

In Niveau II sollen die Schüler anschließend die Vor- und Nachteile der einzelnen Methoden tabellarisch zusammenfassen.

Benötigtes Zusatzmaterial

Für beide Niveaustufen:

- **Bibeln**, aus denen sich die Schüler einen Vers zum Drucken aussuchen
- ein **Stempel, in den einzelne Buchstaben eingesetzt werden können** (z.B. ein Adressstempel zum Selbersetzen aus dem Schreibwarenladen (kostet ca. 10–15 Euro))

Für Niveau II:

- **Linolplatten, Messer und Linolfarbe** (meist im Kunstraum vorhanden)

In der achten Station geht es um **Luthers Bibelübersetzung**. Hier soll den Schülern zum einen besonders bewusst werden, wie wichtig es für die Menschen des ausgehenden Mittelalters war, nun endlich selbst die Bibel lesen zu können, zum anderen aber auch, wie schwierig diese Übersetzung anzufertigen war. Das erste dieser beiden Lernziele soll direkt am Text erarbeitet werden. Für das zweite vergleichen die Schüler zwei moderne Übersetzungen verschiedener biblischer Verse und müssen sie den jeweiligen Verfassern zuordnen. So erkennen die Schüler, dass unterschiedliche Menschen auch unterschiedliche Worte benutzen, um den gleichen Sachverhalt auszudrücken. Bei der zweiten Niveaustufe werden die verschiedenen Möglichkeiten und Schwierigkeiten einer Übersetzung den Schülern nicht direkt im Text erklärt; stattdessen sollen sie in den Aufgaben erarbeitet werden, was mehr eigene Überlegungen erfordert. Darüber hinaus beschäftigen sich die Schüler hier in einer Rechercheaufgabe zusätzlich mit Luthers Haltung gegenüber dem Ablasshandel und mit seinen 95 Thesen.

Benötigtes Zusatzmaterial

Für Niveau II:

- ein **Bibellexikon** oder ein **PC mit Internetzugang** für die zuletzt genannte Rechercheaufgabe

---

Bei der letzten Station wird die Bedeutung der **Bibel in der heutigen Zeit** beleuchtet. Da viele Schüler der Meinung sind, die Bibel sei heutzutage nicht mehr relevant, sollen sie hier erkennen, wie präsent die Bibel über den religiösen Bezug hinaus durch Sprichwörter oder bekannte Zitate noch immer ist. Hierzu werden Sprichwörter mit biblischem Ursprung sowie Werbeanzeigen, die biblische Motive verwenden, analysiert. Dazu müssen die Schüler der höheren Niveaustufe etwas mehr eigenständige Recherchearbeit leisten und sollen zusätzlich auch darüber nachdenken, wozu die Verwendung von biblischen Themen und Zitaten führen kann. Anschließend sollen die Schüler beider Niveaustufen selbst eine Werbeanzeige mit biblischem Motiv entwerfen.

Benötigtes Zusatzmaterial

Für Niveau I:

- **Bibeln**

Für Niveau II:

- eine **Konkordanz** oder ein **Sprichwörterbuch**
- Ausdrucke verschiedener **Werbeanzeigen mit Bibelbezug** (mögliche Internet-Quellen finden Sie in den Medientipps auf S. 95)

Wahlstationen

Zusätzlich zu diesen neun Pflichtstationen gibt es drei Wahlstationen. Die Wahlstationen 1 und 3 sollten sinnvollerweise erst bearbeitet werden, nachdem die Pflichtstationen vollständig erledigt wurden. Wahlstation 2 kann hingegen auch gut schon zwischen die Pflichtstationen geschoben werden, da die Schüler dort das Nachschlagen von Bibelstellen üben, was sie für so manche Pflichtstation benötigen. Die Wahlstationen sind nicht in unterschiedliche Niveaus unterteilt.

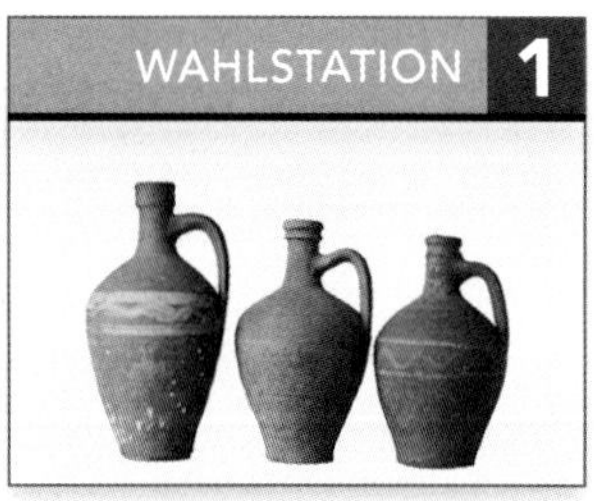

Die erste Wahlstation befasst sich mit den **Schriftrollen von Qumran**, wobei die Schüler anhand eines Würfelspiels in **Kleingruppen** (je 2 bis 4 Schüler) die Entdeckungsgeschichte der Schriftrollen nachvollziehen sollen (Dauer: ca. 20 Minuten).

In der Vorbereitung muss zunächst der **Spielplan** (S. 90) auf DIN-A3 hochkopiert werden. Am besten verwenden Sie dafür etwas festeres Papier, oder Sie laminieren den Spielplan sogar, sodass er lange verwendet werden kann. Vorher müssen allerdings drei der **Ereignisfelder** farbig ausgemalt werden: das zweite Feld (Qumran-Höhle) rot, das vierte (New York) blau und das fünfte (Zeitungsartikel) grün. Dementsprechend werden dann die jeweiligen **Ereigniskarten** (S. 87–89) einmal auf rotes, grünes und blaues Papier kopiert, ausgeschnitten, an der gestrichelten Linie gefaltet und zusammengeklebt werden. (Diese Vorbereitungen können natürlich auch von Schülern übernommen werden.)

Benötigtes Zusatzmaterial

- 1 Würfel
- 4 Spielfiguren

Übersicht der Stationen

In der zweiten Wahlstation geht es nicht um geschichtliche Aspekte, sondern um die **konkrete Arbeit mit der heutigen Bibel**. Die Schüler lernen, wie bestimmte Textstellen aus der Bibel herausgesucht werden, und erproben diese Kenntnisse dann direkt in einem Kreuzworträtsel.

In der Vorbereitung muss das **Blatt mit dem Rätsel** einmal durchgeschnitten werden, um die Lösung separat an der Station auslegen zu können.

Benötigtes Zusatzmaterial

- **zwei verschiedene Bibelausgaben** (davon zumindest eine **Lutherbibel** für das Rätsel)

Bei der letzten Wahlstation werden die Schüler aufgefordert, angelehnt an das bekannte Spiel „Tabu", ihr **Wissen**, dass sie sich in den Pflichtstationen erarbeitet haben, **auf die Probe zu stellen**. Es bietet sich an, diese Station gemeinsam im **Klassenverband** als Abschluss der Unterrichtseinheit zu bearbeiten. Natürlich können aber auch **kleinere Gruppen** (mindestens 6 Schüler) zusammen spielen – doch selbst aus diesen einzelnen Spielen kann am Ende ein „Bibel-Tabu" für die ganze Klasse werden.

Die Schüler entwickeln eigene Spielkarten, auf denen nach Begriffen aus diesem Stationenlernen gefragt wird (dazu müssen die Blanko-Vorlagen auf S. 94 mehrfach kopiert werden). Hierfür kann es sinnvoll sein, die Infoblätter aller Pflichtstationen noch einmal mehr zu kopieren und an dieser Station zusammenzutragen, damit die Schüler dort im Zweifelsfall noch einmal Ideen sammeln und Einzelheiten nachschlagen können.

Benötigtes Zusatzmaterial

- eine **Sanduhr** oder **Stoppuhr**

Laufzettel

Zum Lernen an Stationen zur Entstehungsgeschichte der Bibel von:

____

(Name)

Station		bearbeitet am	Unterschrift des Lehrers
1	Der Ursprung des Alten Testaments – Die mündliche Überlieferung		
2	Die schriftliche Überlieferung		
3	Das Babylonische Exil		
4	Die Entstehung des Neuen Testaments – Paulus und die Briefe		
5	Die Evangelien		
6	Die Kanonisierung der Bibel		
7	Die Erfindung des Buchdrucks		
8	Luther übersetzt die Bibel ins Deutsche		
9	Die Bibel heute		
W1	Alte Schriftrollen werden entdeckt		
W2	Bibelstellen-Rätsel		
W3	Bibel-Tabu		

(W = Wahlstation)

Der Ursprung des Alten Testaments – Die mündliche Überlieferung

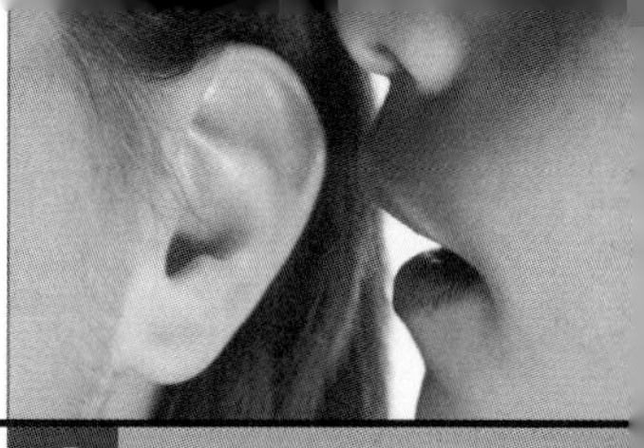

Das **Alte Testament** erzählt die Geschichte des Volkes Israel. Es beginnt mit der Schöpfungsgeschichte der Erde und berichtet dann über die Vorfahren von Mose und den anderen Israeliten, die sogenannten **Urväter**.

Diese Urväter – Abraham, Isaak und Jakob – lebten vor etwa 4 000 Jahren als **Nomaden** in der Wüste. Sie waren Hirten und zogen mit ihren Tieren von Oase zu Oase. Das Leben der Nomaden war sehr anstrengend, und auch die Kinder mussten schon früh mithelfen, die Tiere zu versorgen, Wasser zu holen oder Handarbeiten anzufertigen, die man dann auf Märkten verkaufen konnte, um etwas Geld zu verdienen.

Die Familie lebte zusammen in einem Zelt. Abends, wenn die Arbeit des Tages erledigt war, saßen alle Familienmitglieder zusammen um ein Lagerfeuer, und die alten Männer erzählten **Geschichten**. Viele dieser Geschichten handelten davon, wie Gott sich um die Menschen kümmerte und sie immer wieder aus schlimmen Situationen rettete. Diese Geschichten machten den Menschen Mut, dass Gott sich auch um sie kümmern würde, wenn sie eines Tages in Not gerieten. Sie wurden **über viele Jahrhunderte hinweg den Kindern oder Enkeln erzählt**, die sie dann ihrerseits ihren Kindern weitererzählten.

Der Ursprung des Alten Testaments – Die mündliche Überlieferung

1. **Beantworte anhand des Textes folgende Fragen. Schreibe in ganzen Sätzen.**
   a) Wie lebten Abraham, Isaak und Jakob?

   b) Wie alt sind die ältesten Geschichten der Bibel?

   c) In welchen Situationen wurden die Geschichten weitererzählt?

   d) Welche Bedeutung hatten diese Geschichten für die Menschen, die sie erzählten?

2. **Spiele mit einigen deiner Mitschüler, die auch gerade diese Station bearbeiten, eine Runde „Stille Post"! Ein Schüler denkt sich dafür einen beliebigen (nicht zu kurzen) Satz aus. Beantworte anschließend folgende Frage:**
   a) Welche Probleme bei der mündlichen Überlieferung könnt ihr euch nun vorstellen?

   b) Spielt noch eine Runde „Stille Post", aber benutzt nun ein Sprichwort, einen Merkspruch oder einen kurzen Reim. Was fällt euch auf?

   c) Was bedeutet das für die mündliche Überlieferung von Geschichten?

3. **Stelle dir vor, ein alter Mann erzählt seinen Enkeln eine Geschichte, und die Enkel erzählen die Geschichte eines Tages weiter. Kreuze an, ob und wie sich die Geschichte der Enkel von der des Großvaters unterscheidet!**

	Hat sich **vielleicht** verändert	Hat sich **nicht** verändert
a) Genauer Wortlaut der Geschichte	☐	☐
b) Inhalt und Aufbau der Geschichte	☐	☐
c) Aussage der Geschichte	☐	☐

Der Ursprung des Alten Testaments – Die mündliche Überlieferung

Lösungsblatt **1** STATION

1. Beantworte anhand des Textes folgende Fragen. Schreibe in ganzen Sätzen.

   a) Wie lebten Abraham, Isaak und Jakob?

   Sie waren Nomaden und zogen als Hirten durch die Wüste.

   b) Wie alt sind die ältesten Geschichten der Bibel?

   Die ältesten biblischen Geschichten sind etwa 4000 Jahre alt.

   c) In welchen Situationen wurden die Geschichten weitererzählt?

   Abends am Lagerfeuer saß die Familie zusammen, und die älteren Männer erzählten ihren Kindern und Enkeln die Geschichten.

   d) Welche Bedeutung hatten diese Geschichten für die Menschen, die sie erzählten?

   Sie machten den Menschen Mut und gaben ihnen die Hoffnung, dass Gott sich immer um die Menschen, die an ihn glauben, kümmert und ihnen hilft.

2. Spiele mit einigen deiner Mitschüler, die auch gerade diese Station bearbeiten, eine Runde „Stille Post"! Ein Schüler denkt sich dafür einen beliebigen (nicht zu kurzen) Satz aus. Beantworte anschließend folgende Frage:

   a) Welche Probleme bei der mündlichen Überlieferung könnt ihr euch nun vorstellen?

   So wie bei der „Stillen Post" wurden bei der mündlichen Überlieferung damals die Geschichten sicherlich manchmal verändert. Es wurden im Weitererzählen andere Wörter benutzt oder einzelne Details verändert.

   b) Spielt noch eine Runde „Stille Post", aber benutzt nun ein Sprichwort, einen Merkspruch oder einen kurzen Reim. Was fällt euch auf?

   Der kurze Spruch hat sich weniger (oder gar nicht) verändert, weil man sich gereimte Sätze besser merken kann.

   c) Was bedeutet das für die mündliche Überlieferung von Geschichten?

   Geschichten, die in Versform erzählt wurden, haben sich beim Weitererzählen vermutlich weniger verändert als normale Geschichten ohne Reime.

3. Stelle dir vor, ein alter Mann erzählt seinen Enkeln eine Geschichte, und die Enkel erzählen die Geschichte eines Tages weiter. Kreuze an, ob und wie sich die Geschichte der Enkel von der des Großvaters unterscheidet!

	Hat sich **vielleicht** verändert	Hat sich **nicht** verändert
a) Genauer Wortlaut der Geschichte	☒	☐
b) Inhalt und Aufbau der Geschichte	☐	☒
c) Aussage der Geschichte	☐	☒

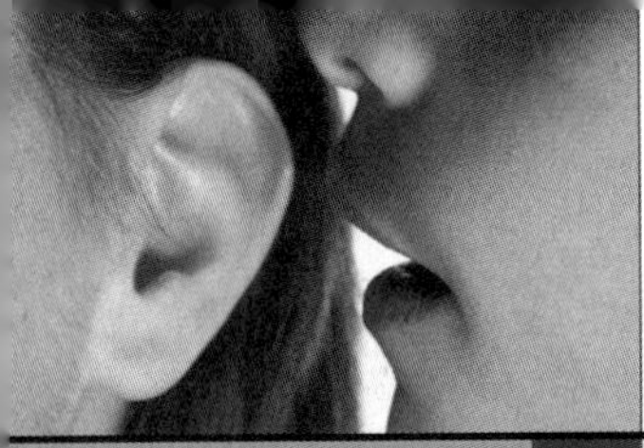

Der Ursprung des Alten Testaments – Die mündliche Überlieferung

STATION 1 Infoblatt

Das **Alte Testament** erzählt die Geschichte des Volkes Israel. Es beginnt mit den fünf Büchern Mose und enthält außerdem Chroniken und Bücher über verschiedene Propheten. Seine Entstehung war ein langer Prozess, der mehrere Jahrtausende dauerte.

Der älteste Teil handelt von den Stammesgeschichten der sogenannten **Urväter**, der Vorfahren von Mose und den anderen Israeliten. Diese Urväter lebten vor etwa 4000 Jahren als **Nomaden** in der Wüste. Sie wohnten in Zelten und zogen als Hirten mit ihren Tieren von Oase zu Oase. Dieses Leben war sehr anstrengend, und auch die Kinder mussten schon früh mithelfen, die Tiere zu versorgen, Wasser zu holen oder Handarbeiten anzufertigen, die man dann auf Märkten verkaufen konnte, um etwas Geld zu verdienen.

Die Familie lebte zusammen in einem Zelt. Abends, wenn die Arbeit des Tages erledigt war, saßen alle Familienmitglieder zusammen um ein Lagerfeuer, und die alten Männer erzählten **Geschichten**. Viele dieser Geschichten handelten von Gott, der das Schicksal der Menschen lenkte, sie auf die Probe stellte, sie aber auch immer wieder aus schwierigen Situationen rettete. Diese Geschichten machten den Menschen Mut, schwierige Lebenssituationen als Prüfung Gottes anzusehen, und gaben ihnen Zuversicht, dass Gott sich auch um sie kümmern würde, wenn sie eines Tages in Not gerieten. Außerdem lernten die Kinder auf diese Weise alles, was sie über die Welt wissen mussten, denn damals gab es noch keine Schule. Viele der Geschichten beinhalteten Erklärungen dafür, warum die Welt so war, wie die Menschen sie kannten.

All diese Geschichten wurden **über viele Jahrhunderte hinweg den Kindern oder Enkeln erzählt**, die sie dann ihrerseits ihren Kindern weitererzählten.

Der Ursprung des Alten Testaments – Die mündliche Überlieferung

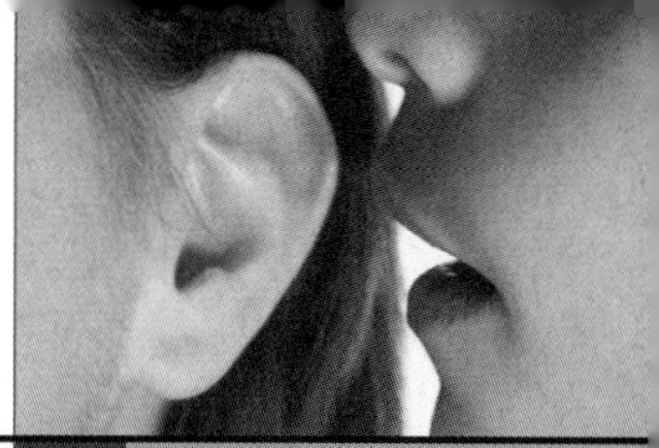

1. Recherchiere, wer die „Urväter" waren.
   a) Lies dazu zunächst in der Bibel im Buch Genesis nach, welche bekannten Personen dort vorkommen.

   b) Wer von diesen Urvätern gilt als Stammvater der Juden und Muslime? Du kannst hierzu auch im Internet recherchieren.

   c) Ein Urenkel dieses Stammvaters wurde später als Sklave nach Ägypten verkauft. Jede der vier Generationen vom Stammvater bis zu diesem Urenkel hat eine spannende Geschichte, die früher mündlich überliefert wurde und heute in der Bibel nachzulesen ist. Schreibe eine dieser Geschichten auf einem Extra-Zettel oder in deinem Heft in eigenen Worten kurz auf (ca. ½ Seite).

2. Wann und auf welche Weise sind die ersten biblischen Geschichten entstanden?

3. Welchen Zweck hatten diese Geschichten zunächst?

4. Überlege: Welche Gefahr besteht, wenn eine Geschichte nur mündlich überliefert wird?

5. Stelle Vermutungen darüber an, welche Lösung es für dieses Problem gab.

Tipp:

Was lässt sich leichter wörtlich auswendig lernen als eine Geschichte?

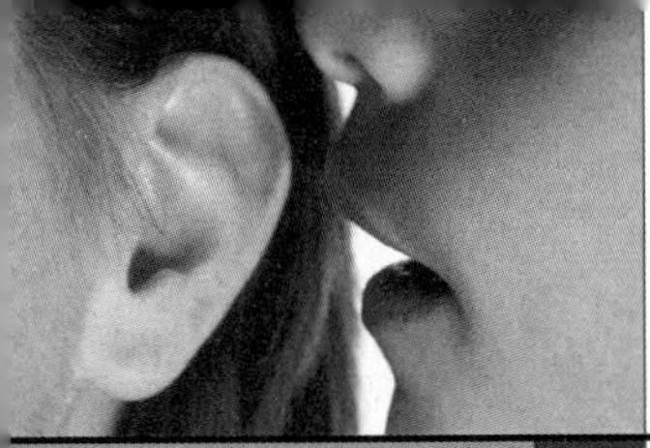

Der Ursprung des Alten Testaments – Die mündliche Überlieferung

STATION **1** Lösungsblatt (1/2)

1. Recherchiere, wer die „Urväter" waren.
   a) Lies dazu zunächst in der Bibel im Buch Genesis nach, welche bekannten Personen dort vorkommen.

   Als Urväter gelten vor allem Abraham, Isaak und Jakob. Manchmal wird auch Josef dazugerechnet und gelegentlich auch die Generationen zwischen Adam und Abraham (am bekanntesten ist hier Noah).

   b) Wer von diesen Urvätern gilt als Stammvater der Juden und Muslime? Du kannst hierzu auch im Internet recherchieren.

   Abraham (Aus der Familie seines zweiten Sohnes Isaak entstammen der Thora zufolge die Juden, aus der Familie seines ersten Sohnes Ismael entstammen dem Koran zufolge die Muslime.)

   c) Ein Urenkel dieses Stammvaters wurde später als Sklave nach Ägypten verkauft. Jede der vier Generationen vom Stammvater bis zu diesem Urenkel hat eine spannende Geschichte, die früher mündlich überliefert wurde und heute in der Bibel nachzulesen ist. Schreibe eine dieser Geschichten auf einem Extra-Zettel oder in deinem Heft in eigenen Worten kurz auf (ca. ½ Seite).

   Die vier Generationen und ihre Geschichten in Kurzform:

   1. Generation – Abraham: Stammvater. Er bleibt lange kinderlos, doch Gott verspricht ihm zahlreiche Nachkommen. Er zeugt einen Sohn (Ismael) mit Hagar, der Magd seiner Frau Sara, um überhaupt einen Erben zu haben. In hohem Alter bringt Sara dann aber doch einen Sohn mit dem Namen Isaak zur Welt. Ismael und Hagar werden später vertrieben. Gott prüft Abraham, indem er ihn auffordert, Isaak zu opfern, rettet diesen aber im letzten Moment.

   2. Generation – Isaak: Vater der Zwillinge Esau und Jakob. Er erblindet in hohem Alter und segnet auf dem Sterbebett den jüngeren Sohn Jakob, obwohl dies eigentlich Esau als Erstgeborenem zugestanden hätte.

   3. Generation – Jakob: Sohn von Isaak. Er kauft seinem Bruder Esau für einen Teller Linsensuppe das Recht des Erstgeborenen ab, muss nach dem Tod seines Vaters aber vor dem Bruder fliehen. Er heiratet Leah und Rahel (eigentlich wollte er Rahel heiraten, Leah musste als ältere Schwester aber zuerst verheiratet werden). Insgesamt hat er 12 Söhne, aber nur zwei (Josef und Benjamin) sind Kinder von Rahel. Jakob kämpft eines Nachts mit einem Fremden, der sich später als Engel herausstellt, und erhält daraufhin den Beinamen „Israel" (= Gottesstreiter).

   4. Generation – Josef: Lieblingssohn seines Vaters Jakob. Er wird von seinen neidischen Brüdern als Sklave nach Ägypten verkauft, wo er die Menschen durch geschickte Traumdeutung und Planung vor einer Hungersnot bewahrt. Seinen Brüdern verzeiht er, sie folgen ihm später nach Ägypten.

Der Ursprung des Alten Testaments – Die mündliche Überlieferung

2. Wann und auf welche Weise sind die ersten biblischen Geschichten entstanden?

   Die ersten biblischen Geschichten entstanden vor etwa 4000 Jahren und wurden von Generation zu Generation weitererzählt.

3. Welchen Zweck hatten diese Geschichten zunächst?

   Zum einen dienten sie als Erklärung für alle möglichen Gegebenheiten, zum anderen machten sie Mut und gaben den Menschen Hoffnung, dass sie darauf vertrauen, dass Gott ihnen in der Not als Beschützer beistehen würde.

4. Überlege: Welche Gefahr besteht, wenn eine Geschichte nur mündlich überliefert wird?

   Bei der mündlichen Überlieferung können sich leicht Fehler einschleichen, z.B. indem der Erzähler eigene Interpretationen einfließen lässt oder schlicht und einfach etwas vergisst.

5. Stelle Vermutungen darüber an, welche Lösung es für dieses Problem gab.

   Gedichte oder Lieder lassen sich leichter auswendig lernen als andere Texte, daher wurden die Geschichten oft in Versform überliefert. So ging beim Weitererzählen weniger von ihnen verloren, und sie wurden nicht so stark verändert.

Statue des Urvaters Abraham

Die schriftliche Überlieferung

STATION 2 Infoblatt (1/2)

Lange Zeit wurden die biblischen Geschichten von Generation zu Generation weitererzählt. Das Volk Israel war damals noch ein Volk von Nomaden und zog in der Wüste umher. Um 1200 v. Chr. **wurden die Israeliten** jedoch **sesshaft**, und zwar in der Gegend des heutigen Staates Israel. Sie zogen nicht mehr umher, sondern bauten Hütten und Häuser als festen Wohnsitz.

Die Könige Israels (vor allem David und Salomo), die ab 1000 v. Chr. (vor Christi Geburt) herrschten, **ließen die Geschichten**, die bisher nur mündlich weitergegeben wurden, **erstmals aufschreiben**. Für die Rechtsprechung wurden außerdem Gesetzestexte schriftlich festgehalten, und für den Gottesdienst entstanden Gottesdienstordnungen, die man, wie auch die Gebete (vor allem für große Feste), aufschrieb.

Hierfür musste aber zuerst eine **geeignete Schrift** erfunden werden. Zwar gab es schon seit ungefähr 5000 v. Chr. verschiedene Schriften, doch diese bestanden meistens noch eher aus Bildern als aus Buchstaben. Z.B. steht in der ägyptischen Hieroglyphenschrift das Symbol links auf diesem Blatt nur für „Eule". Da man aber nicht für jedes Wort ein eigenes Zeichen brauchen wollte, wurde dieses Bild später außerdem zum Symbol für den Laut „M", weil das ägyptische Wort für „Eule" mit M anfängt.

Das hebräische Alphabet

Das hebräische Alphabet ist eines der ersten, bei dem die Zeichen – so wie unsere Buchstaben – nur Lautwerte haben (sie stehen also nicht für ein ganzes Wort, sondern nur für einen Laut, siehe Tabelle). **In dieser Schrift wurde das Alte Testament geschrieben.** Allerdings gibt es **zwei große Unterschiede zu unserer Schrift:**

1. TBIƎЯHƆƧ HƆƧIÄЯBƎH
   ƧKИI⅃ HƆAИ ƧTHƆƎЯ ИOV ИAM

2. ⅃KV ИH (TƧᖷ) ИM TBЯHƆƧ HƆƧЯBH

Schriftzeichen	Lautwert	Name des Zeichens
א	(Vokal)	Alef
ב	B	Bet
ג	G	Gimmel
ד	D	Dalet
ה	H	He
ו	V, O, U	Vav
ז	Z	Zaijn
ח	Ch	Chet
ט	T	Tet
י	J, I, Y	Jod
כ	K	Kaf
ל	L	Lamed
מ	M	Mem
נ	N	Nun
ס	S	Samech
ע	(Vokal)	Aijn
פ	P, F	Pe
צ	Tz, Ts	Zade
ק	K, Q	Kof
ר	R	Resch
ש	Sch	Schin
ת	T	Tav

© Verlag an der Ruhr | Autorin: Anja Fitzen | ISBN 978-3-8346-2339-3 | www.verlagruhr.de

Das griechische Alphabet

Das Neue Testament wurde später nicht mehr auf Hebräisch, sondern **auf Griechisch niedergeschrieben**. Auch in dieser Sprache verwendet man eine andere Schrift als die, die wir hier in der Schule lernen. Sie wird allerdings auch von links nach rechts geschrieben und enthält Vokale, sodass sie unserer Schrift viel ähnlicher ist als die hebräische.

Schriftzeichen (groß/klein)	Lautwert des Zeichens	Name des Zeichens
Α/α	A	Alpha
Β/β	B	Beta
Γ/γ	G	Gamma
Δ/δ	D	Delta
Ε/ε	E	Epsilon
Ζ/ζ	Z	Zeta
Η/η	Ä	Eta
Θ/θ	Th (wie im Englischen)	Theta
Ι/ι	I	Jota
Κ/κ	K	Kappa
Λ/λ	L	Lambda
Μ/μ	M	My
Ν/ν	N	Ny
Ξ/ξ	X	Xi
Ο/ο	O (kurz)	Omikron
Π/π	P	Pi
Ρ/ρ	R	Rho
Σ/σ (am Wortende ς)	S	Sigma
Τ/τ	T	Tau
Υ/υ	U	Ypsilon
Φ/φ	F	Phi
Χ/χ	Ch	Chi
Ψ/ψ	Ps	Psi
Ω/ω	O (lang)	Omega

Die schriftliche Überlieferung

1. **Beantworte anhand des Textes die folgenden Fragen. Schreibe in ganzen Sätzen.**
   a) Wer ließ die biblischen Geschichten zum ersten Mal aufschreiben?

   ____

   ____

   ____

   b) Wann wurden diese ersten biblischen Schriften verfasst?

   ____

   ____

   ____

   c) Welche beiden Unterschiede gibt es zwischen der hebräischen Schrift und unserer?

   ____

   ____

   ____

   ____

   ____

Tipp:

Auch diese beiden Unterschiede stehen im Text, sie sind aber etwas verschlüsselt.

2. **Stelle dir vor, dein Name taucht im Alten Testament auf, und schreibe ihn auf Hebräisch. Beachte dabei die beiden unter 1c) genannten Regeln.**

   ____

3. **Stelle dir vor, dein Name taucht im Neuen Testament auf, und schreibe ihn auf Griechisch.**

   ____

4. **Schreibe einen kurzen Satz in griechischer oder hebräischer Schrift, und lasse ihn von deinem Nachbarn entschlüsseln!**

   ____

   ____

   ____

Die schriftliche Überlieferung

1. Beantworte anhand des Textes die folgenden Fragen. Schreibe in ganzen Sätzen.
   a) Wer ließ die biblischen Geschichten zum ersten Mal aufschreiben?

   Die israelischen Könige David und Salomo ließen die Geschichten das erste Mal schriftlich festhalten.

   b) Wann wurden diese ersten biblischen Schriften verfasst?

   Nachdem die biblischen Geschichten zunächst jahrhundertelang nur mündlich überliefert wurden, begann man etwa 1000 v. Chr., sie aufzuschreiben.

   c) Welche beiden Unterschiede gibt es zwischen der hebräischen Schrift und unserer?

   1. Hebräisch schreibt man von rechts nach links.
   2. Hebräisch schreibt man (fast) ohne Vokale.

   Tipp:

   Auch diese beiden Unterschiede stehen im Text, sie sind aber etwas verschlüsselt.

2. Stelle dir vor, dein Name taucht im Alten Testament auf, und schreibe ihn auf Hebräisch. Beachte dabei die beiden unter 1c) genannten Regeln.

   = individuelle Lösung

3. Stelle dir vor, dein Name taucht im Neuen Testament auf, und schreibe ihn auf Griechisch.

   = individuelle Lösung

4. Schreibe einen kurzen Satz in griechischer oder hebräischer Schrift, und lasse ihn von deinem Nachbarn entschlüsseln!

   = individuelle Lösung

Die schriftliche Überlieferung

STATION **2** Infoblatt (1/2)

Lange Zeit wurden die biblischen Geschichten von Generation zu Generation weitererzählt, doch als das Volk Israel um 1200 v. Chr. in der Gegend des heutigen Staates Israel **sesshaft** wurde, veränderten sich die Lebensumstände deutlich. Nun lebten nicht mehr einzelne Großfamilien zusammen, sondern es entstanden ganz Städte. Was aber alle Menschen in diesem Land verband, war die **gemeinsame Religion**.

Die Könige Israels (vor allem David und Salomo), die in Israel ab 1000 v. Chr. herrschten, **ließen deshalb die biblischen Geschichten**, die bisher nur mündlich weitergegeben wurden, **erstmals aufschreiben**. Für die Rechtsprechung wurden außerdem Gesetzestexte schriftlich festgehalten, und für den Gottesdienst entstanden Gottesdienstordnungen, die man, wie auch die Gebete (vor allem für große Feste), aufschrieb.

Hierfür musste aber zuerst eine **geeignete Schrift** erfunden werden. Zwar gab es schon seit ungefähr 5000 v. Chr. verschiedene Schriften, doch diese bestanden meistens noch eher aus Bildern als aus Buchstaben. Z.B. steht in der ägyptischen Hieroglyphenschrift das Symbol links auf diesem Blatt nur für „Eule". Da man aber nicht für jedes Wort ein eigenes Zeichen brauchen wollte, wurde dieses Bild später außerdem zum Symbol für den Laut „M", weil das ägyptische Wort für „Eule" mit M anfängt.

Das hebräische Alphabet

Das hebräische Alphabet ist eines der ersten, bei dem die Zeichen – so wie unsere Buchstaben – nur Lautwerte haben (sie stehen also nicht für ein ganzes Wort, sondern nur für einen Laut, siehe Tabelle). **In dieser Schrift wurde das Alte Testament geschrieben.**

Schriftzeichen	Lautwert	Name des Zeichens
א	(Vokal)	Alef
ב	B	Bet
ג	G	Gimmel
ד	D	Dalet
ה	H	He
ו	V, O, U	Vav
ז	Z	Zaijn
ח	Ch	Chet
ט	T	Tet
י	J, I, Y	Jod
כ	K	Kaf
ל	L	Lamed
מ	M	Mem
נ	N	Nun
ס	S	Samech
ע	(Vokal)	Aijn
פ	P, F	Pe
צ	Tz, Ts	Zade
ק	K, Q	Kof
ר	R	Resch
ש	Sch	Schin
ת	T	Tav

Das griechische Alphabet

Ein griechisches Straßenschild

Das Neue Testament wurde später nicht mehr auf Hebräisch, sondern **auf Griechisch niedergeschrieben**. Auch in dieser Sprache verwendet man eine andere Schrift als die, die wir hier in der Schule lernen. Sie ist unserer Schrift aber viel ähnlicher als die hebräische.

Schriftzeichen (groß/klein)	Lautwert des Zeichens	Name des Zeichens
Α/α	A	Alpha
Β/β	B	Beta
Γ/γ	G	Gamma
Δ/δ	D	Delta
Ε/ε	E	Epsilon
Ζ/ζ	Z	Zeta
Η/η	Ä	Eta
Θ/θ	Th (wie im Englischen)	Theta
Ι/ι	I	Jota
Κ/κ	K	Kappa
Λ/λ	L	Lambda
Μ/μ	M	My
Ν/ν	N	Ny
Ξ/ξ	X	Xi
Ο/ο	O (kurz)	Omikron
Π/π	P	Pi
Ρ/ρ	R	Rho
Σ/σ (am Wortende ς)	S	Sigma
Τ/τ	T	Tau
Υ/υ	U	Ypsilon
Φ/φ	F	Phi
Χ/χ	Ch	Chi
Ψ/ψ	Ps	Psi
Ω/ω	O (lang)	Omega

Die schriftliche Überlieferung

1. Wann und auf wessen Befehl hin wurden die ersten biblischen Schriften aufgeschrieben?

____

2. Überlege: Wozu kann es nötig sein, Dinge aufzuschreiben?

____

____

____

3. Welcher Unterschied besteht daher zwischen Kulturen, die keine Schrift kennen, und solchen, die bereits eine Schrift haben?

____

____

____

____

4. **Das Alte Testament wurde auf Hebräisch niedergeschrieben.**
   a) Entschlüssle, welche beiden Unterschiede es zwischen der hebräischen und unserer Schrift gibt:

   1. SKNIL HCAN STHCER NOV NAM TBIERHCS HCSIÄRBEH

   2. LKV NH (TSF) NM TBRHCS HCSRBH

   b) Versuche den folgenden hebräischen Satz zu entschlüsseln. (Die Punkte und Striche bestimmen die Aussprache, du kannst sie also einfach ignorieren.)

   אַמ אַנפַנג שֶׁפ גתת הִממֶל וֶנד עֶרד.

   ____

   c) Stelle dir vor, dein Name taucht im Alten Testament auf, und schreibe ihn auf Hebräisch.

   Beachte dabei die beiden bei a) genannten Regeln. ______________________

5. **Das Neue Testament wurde auf Griechisch aufgeschrieben.**
   a) Entschlüssle den folgenden Satz.

   Δερ Ἐρρ ἰστ μειν Ἰρτε. ______________________

   b) Schreibe deinen Namen auf Griechisch: ______________________

6. **Schreibe selbst einen kurzen Satz in griechischer oder hebräischer Schrift, und lasse ihn von deinem Nachbarn entschlüsseln!**

____

Die schriftliche Überlieferung

1. Wann und auf wessen Befehl hin wurden die ersten biblischen Schriften aufgeschrieben?

   Die Könige Israels, vor allem David und Salomo, gaben um ca. 1000 v. Chr. den Auftrag, die Geschichten aufzuschreiben. (Erst kurz vorher war Israel aus einer Ansammlung von Nomaden-Stämmen zu einem Königreich zusammengewachsen. Durch die Sammlung der (Stammes-)Geschichten wollte man eine gemeinsame Volksidentität schaffen.)

2. Überlege: Wozu kann es nötig sein, Dinge aufzuschreiben?

   Schriftliche Texte können weiter verbreitet werden als mündlich überlieferte. Außerdem ist die Fehleranfälligkeit bei der Überlieferung geringer. So lassen sich auch Regeln für das Zusammenleben formulieren, die für alle Menschen gelten.

3. Welcher Unterschied besteht daher zwischen Kulturen, die keine Schrift kennen, und solchen, die bereits eine Schrift haben?

   Kulturen ohne Schrift konnten nur schwer Informationen über große Entfernungen verbreiten (höchstens durch Boten, die die Information auswendig lernten). Das erschwerte die Organisation und Verwaltung eines Reiches. Völker ohne Schrift waren daher meist in einzelnen Stämmen organisiert. Ein richtiger Staat, mit gemeinsamen Regeln, einer zentralen Regierung und stabilen Handelsbeziehungen konnte ohne Schrift nur schwer entstehen.

4. Das Alte Testament wurde auf Hebräisch niedergeschrieben.
   a) Entschlüssle, welche beiden Unterschiede es zwischen der hebräischen und unserer Schrift gibt:

      1. Hebräisch schreibt man von rechts nach links.
      2. Hebräisch schreibt man (fast) ohne Vokale.

   b) Versuche den folgenden hebräischen Satz zu entschlüsseln. (Die Punkte und Striche bestimmen die Aussprache, du kannst sie also einfach ignorieren.)

      Am Anfang schuf Gott Himmel und Erde.

   c) Stelle dir vor, dein Name taucht im Alten Testament auf, und schreibe ihn auf Hebräisch. Beachte dabei die beiden bei a) genannten Regeln.

      = individuelle Lösung

5. Das Neue Testament wurde auf Griechisch aufgeschrieben.
   a) Entschlüssle den folgenden Satz.

      Der Herr ist mein Hirte.

   b) Schreibe deinen Namen auf Griechisch: = individuelle Lösung

6. **Schreibe selbst einen kurzen Satz in griechischer oder hebräischer Schrift, und lasse ihn von deinem Nachbarn entschlüsseln!**

   = individuelle Lösung

Das Babylonische Exil

STATION 3 Infoblatt

Ich heiße **Daniel** und bin 14 Jahre alt. Ich lebe im Jahr 570 v. Chr. in Babylon. Meine Familie und ich sind Juden, und unsere Heimat ist die Stadt Jerusalem in Israel. Leider wurde dieses Land im Jahr 587 v. Chr. erobert und unser Tempel wurde zerstört. Seitdem leben wir in Babylon (später wird man diese Zeit das „Babylonische Exil" nennen).

Meine Eltern sprechen oft davon, wie schön der Tempel und die Stadt Jerusalem waren. Eigentlich geht es uns hier nicht schlecht, aber diejenigen, die Jerusalem noch gekannt haben, sind dennoch traurig, nicht in ihrer Heimat sein zu können. Ich selbst bin in Babylon geboren und fühle mich hier auch wohl. Allerdings beten die Babylonier andere Götter an als wir Juden, und unsere Rabbiner warnen uns jeden Sabbat erneut davor, dieser fremden Religion zu folgen und unseren Gott zu vergessen. Nur wenn wir unserer Religion treu bleiben, können wir eines Tages vielleicht nach Israel zurückkehren. Um die Erinnerung an unseren Gott zu bewahren, sammeln die Rabbiner alle Geschichten über ihn und schreiben sie auf. Damit machen sie uns auch Mut, denn so können wir nachlesen, wie oft Gott unser Volk schon gerettet hat.

Ich heiße **Amila** und bin 12 Jahre alt. Meine Familie stammt aus der Türkei, lebt aber schon lange in Deutschland, sodass ich hier geboren bin. Trotzdem sprechen meine Eltern nicht besonders gut Deutsch. Ihre Freunde sind meist Türken, mit denen sie dann natürlich auch Türkisch sprechen. Sie legen auch sehr viel Wert darauf, dass ich genug über die Türkei und den Islam lerne. Ich finde das zwar auch wichtig, und mir gefällt die türkische Kultur gut, aber trotzdem fühle ich mich in Deutschland zu Hause. Ich fahre im Urlaub gerne in die Türkei, nur dort leben möchte ich nicht. Was mir aber merkwürdig vorkommt, ist, dass unsere Verwandten in Istanbul manchmal „europäischer" wirken als meine Eltern, die doch schon so lange hier in Deutschland leben. Besonders auffällig ist zum Beispiel, dass meine Mutter immer ein Kopftuch und – für meinen Geschmack – furchtbar altmodische Kleidung trägt, während meine Tante Sunay in Istanbul aber sehr modisch gekleidet ist und niemals auf die Idee kommen würde, ihre Frisur unter einem Kopftuch zu verstecken. Manchmal wirft meine Mutter ihrer Schwester vor, zu wenig Wert auf die Traditionen zu legen. Tante Sunay sagt dann, dass Mama wohl an einer Türkei hängt, die es so seit vielen Jahren nicht mehr gibt. Mama hat sich einfach nicht mehr verändert, seit sie nach Deutschland gezogen ist. Irgendwie hat sie Angst, ihren Glauben und ihre Kultur zu verlieren, wenn sie sich mehr anpasst. Tante Sunay hat dieses Problem natürlich nicht, denn sie wohnt ja nicht in einem Land, in dem sie sich fremd fühlt.

Das Babylonische Exil

1. Lies den Text, und unterstreiche zunächst alle Wörter, die du nicht kennst. Schlage sie in einem Lexikon nach, oder recherchiere die Bedeutung im Internet.

2. Beantwortet nun anhand des Textes die folgenden Fragen. Schreibe in ganzen Sätzen.
   a) In welcher Zeit und wo leben Daniel und Amila?

   b) Welche Gemeinsamkeiten haben Daniel und Amila?

   c) Viele Texte des Alten Testaments sind während des Babylonischen Exils niedergeschrieben worden. Warum geschah das gerade in dieser Zeit?

   d) Überlege, warum Menschen, die in einem fremden Land leben, oft besonders viel Wert auf die Kultur ihres Heimatlandes legen. Notiere deine Vermutung.

3. Amila fühlt sich in Deutschland zu Hause und kann – obwohl ihr die türkische Kultur gefällt – die stark traditionsbewusste Haltung ihrer Mutter nicht ganz nachvollziehen. Daniel hingegen hängt sehr an seiner jüdischen Religion und ihren Traditionen. Suche dir eine der drei folgenden Aufgaben aus, und bearbeite sie:

   a) Versetze dich in die Lage von Amila, und schreibe auf einen Extra-Zettel einen Brief an Daniel, in dem du ihm deine Haltung erläuterst (ca. 100 Wörter).

   b) Versetze dich in die Lage von Daniel, und schreibe auf einen Extra-Zettel einen Brief an Amila, in dem du ihr deine Haltung erläuterst (ca. 100 Wörter).

   c) Suche dir einen Partner. Schreibt zu zweit auf einen Extra-Zettel einen Dialog zwischen Amila und Daniel (ca. 150 Wörter). Führt den Dialog anschließend als Rollenspiel eurer Klasse vor!

Das Babylonische Exil

1. Lies den Text, und unterstreiche zunächst alle Wörter, die du nicht kennst. Schlage sie in einem Lexikon nach, oder recherchiere die Bedeutung im Internet.

   = individuelle Lösung

2. Beantwortet nun anhand des Textes die folgenden Fragen. Schreibe in ganzen Sätzen.

   a) In welcher Zeit und wo leben Daniel und Amila?

   Daniel lebt im Jahr 570 v. Chr. (also vor über 2500 Jahren) in der Stadt Babylon (im heutigen Irak). Amila lebt in der heutigen Zeit in Deutschland.

   b) Welche Gemeinsamkeiten haben Daniel und Amila?

   Beide leben in einem Land, das zumindest ihre Eltern als fremd empfinden.

   Beide wurden in diesem „fremden" Land geboren und fühlen sich dort wohl.

   Beide mögen die Kultur und die Religion ihrer Eltern (allerdings ist sie für Daniel wichtiger als für Amila).

   c) Viele Texte des Alten Testaments sind während des Babylonischen Exils niedergeschrieben worden. Warum geschah das gerade in dieser Zeit?

   Die Menschen wollten die Erinnerung an ihre eigene Religion auch in der Fremde bewahren. Deshalb schrieben sie möglichst viel auf, damit es nicht in Vergessenheit geraten konnte.

   d) Überlege, warum Menschen, die in einem fremden Land leben, oft besonders viel Wert auf die Kultur ihres Heimatlandes legen. Notiere deine Vermutung.

   Menschen, die in einem fremden Land leben, möchten oft etwas Vertrautes aus ihrer Heimat behalten. Wenn sie sich vollständig an die Kultur des fremden Landes anpassen würden, hätten sie möglicherweise das Gefühl, ihre alte Heimat endgültig zu verlieren.

3. Amila fühlt sich in Deutschland zu Hause, und kann – obwohl ihr die türkische Kultur gefällt – die stark traditionsbewusste Haltung ihrer Mutter nicht ganz nachvollziehen. Daniel hingegen hängt sehr an seiner jüdischen Religion und ihren Traditionen. Suche dir eine der drei folgenden Aufgaben aus, und bearbeite sie:

   a) Versetze dich in die Lage von Amila, und schreibe auf einen Extra-Zettel einen Brief an Daniel, in dem du ihm deine Haltung erläuterst (ca. 100 Wörter).

   b) Versetze dich in die Lage von Daniel, und schreibe auf einen Extra-Zettel einen Brief an Amila, in dem du ihr deine Haltung erläuterst (ca. 100 Wörter).

   c) Suche dir einen Partner. Schreibt zu zweit auf einen Extra-Zettel einen Dialog zwischen Amila und Daniel (ca. 150 Wörter). Führt den Dialog anschließend als Rollenspiel eurer Klasse vor!

   = individuelle Lösung

Das Babylonische Exil

Hallo!

Ich heiße **Sarah** und bin 15 Jahre alt. Ich lebe im Jahr 3191 der jüdischen Zeitrechnung in der Stadt Babylon. Meine Familie und ich sind Juden, und unsere Heimat ist Israel. Leider wurde dieses Land vor 17 Jahren erobert, und unser Tempel wurde zerstört. Seitdem leben wir in Babylon (später wird man diese Zeit das „Babylonische Exil" nennen).

Soldaten des babylonischen Königs (links) bewachen das Ischtar-Tor in der Befestigungsanlage der Stadt Babylon

Meine Eltern sprechen oft davon, wie schön der Tempel und die Stadt Jerusalem waren. Diejenigen, die Jerusalem noch gekannt haben, sind oft traurig, nicht in ihrer Heimat sein zu können. Ich selbst bin in Babylon geboren und bin hier nicht unglücklich, denn ich kenne ja nichts anderes. Allerdings beten die Babylonier andere Götter an – sie glauben tatsächlich an mehrere Götter und können sich einen Gott wie unseren, der so mächtig ist, dass er keine weiteren Götter neben sich duldet, gar nicht vorstellen. Unsere Rabbiner warnen uns jeden Sabbat erneut davor, dieser fremden Religion zu folgen und unseren Gott zu vergessen. Nur wenn wir unserer Religion treu bleiben, können wir eines Tages vielleicht nach Israel zurückkehren. Darauf hoffen wir alle, und diese Hoffnung gibt gerade den Älteren die Kraft, dieses Exil zu überstehen. Um die Erinnerung an unseren Gott zu bewahren, sammeln die Rabbiner alle Geschichten über ihn und schreiben sie auf. Damit machen sie uns auch Mut, denn so können wir nachlesen, wie oft Gott unser Volk schon gerettet hat. Manchmal entstehen hier sogar neue Geschichten, die davon berichten, wie es uns Juden in Babylon ergeht. Auch diese Erzählungen werden aufgeschrieben.

Eine dieser Geschichte findet ihr in der Bibel im Buch Daniel*.
Lest doch mal rein – ich wünsche euch viel Spaß dabei!

* *Das Buch Daniel ist zwar erst einige Zeit nach dem Babylonischen Exil entstanden, doch die Lebensverhältnisse der in Babylon wohnenden Juden waren ähnlich.*

Die Babylonische Gefangenschaft

1. Lies den Text, und unterstreiche zunächst alle Wörter, die du nicht kennst. Schlage sie in einem Lexikon nach, oder recherchiere die Bedeutung im Internet.
2. Recherchiere im Lexikon oder im Internet die Antworten auf folgende Fragen:

   a) In welchem heutigen Land lag Babylon? Wie weit war die Stadt von Jerusalem entfernt (Luftlinie)? Du kannst einen Atlas oder eine andere historische Karte zu Hilfe nehmen.

   b) Was versteht man unter dem „Babylonischen Exil"? Wann fand es statt?

   c) In welchem Jahr unserer Zeitrechnung hat Sarah diesen Text geschrieben?

3. Viele Texte des Alten Testaments sind während des Babylonischen Exils niedergeschrieben worden. Warum geschah das gerade in dieser Zeit?

4. Überlege, warum Menschen, die in einem fremden Land leben, oft besonders viel Wert auf die Kultur ihres Heimatlandes legen.

   a) Notiere deine Vermutung.

   b) Nenne mindestens ein Beispiel aus heutiger Zeit für dieses Verhalten.

Die Babylonische Gefangenschaft

5. Höre dir das Lied „By the rivers of Babylon" auf dem zu dieser Station gehörenden MP3-Player an. Wie wird die Situation der Juden in Babylon hier beschrieben?

6. Lies in der Bibel im Buch Daniel, von dem Sarah erzählt, nach.
Beschreibe genau, wie die Situation der Juden in Babylon tatsächlich war.
Besonders hilfreich sind hierzu folgende Textstellen: Kapitel 1 (Vers 4–6 und Vers 8–9), Kapitel 2 (Vers 47–48) und Kapitel 6 (Vers 4–24).

Ausgegrabene Ruinen der biblischen Stadt Babylon im Jahr 1932

7. Stelle dir vor, ein Jugendlicher aus der heutigen Zeit, auf den die in Aufgabe 4b beschriebene Situation zutrifft, und Sarah begegnen sich und unterhalten sich über ihre Gemeinsamkeiten. Schreibe auf einem Extra-Zettel einen Dialog, wie er zwischen den beiden entstehen könnte. Wenn du dir einen Partner für diese Aufgabe suchst, könnt ihr euren Dialog anschließend als Rollenspiel der Klasse vorführen!

Das Babylonische Exil

1. Lies den Text, und unterstreiche zunächst alle Wörter, die du nicht kennst. Schlage sie in einem Lexikon nach, oder recherchiere die Bedeutung im Internet.

   = individuelle Lösung

2. Recherchiere im Lexikon oder im Internet die Antworten auf folgende Fragen:

   a) In welchem heutigen Land lag Babylon? Wie weit war die Stadt von Jerusalem entfernt (Luftlinie)? Du kannst einen Atlas oder eine andere historische Karte zu Hilfe nehmen.

   Babylon lag im heutigen Irak und war etwa 850 km von Jerusalem entfernt.

   b) Was versteht man unter dem „Babylonischen Exil"? Wann fand es statt?

   Unter dem „Babylonischen Exil" versteht man die Umsiedelung der jüdischen Oberschicht nach Babylon, nachdem Israel von den Babyloniern erobert und der Tempel in Jerusalem zerstört worden war. Es dauerte von 597 v. Chr. bis 539 v. Chr. (Diese Zeit wird manchmal auch „Babylonische Gefangenschaft" genannt. „Exil" ist aber ein besserer Begriff, da die Juden in Babylon nicht tatsächlich gefangen waren, sondern durchaus ihre Berufe ausüben durften und sogar Karriere machen konnten (siehe Frage 5). Allerdings wurde das Exil von den Juden selbst als Strafe Gottes angesehen.)

   c) In welchem Jahr unserer Zeitrechnung hat Sarah diesen Text geschrieben?

   Das Jahr 3191 jüdischer Zeitrechnung entspricht dem Jahr 570 v. Chr.

3. Viele Texte des Alten Testaments sind während des Babylonischen Exils niedergeschrieben worden. Warum geschah das gerade in dieser Zeit?

   Die Menschen wollten die Erinnerung an ihre eigene Religion auch in der Fremde bewahren. Deshalb schrieben sie möglichst viel auf, damit es nicht in Vergessenheit geraten konnte. Außerdem gab es in diesen gesammelten Geschichten viele Beispiele dafür, dass Gott das Volk Israel zwar für Ungehorsam bestraft, ihm aber nach einiger Zeit wieder vergibt. Das machte den Menschen, die sich in dieser Situation auch von Gott bestraft fühlten, Mut für die Zukunft.

4. Überlege, warum Menschen, die in einem fremden Land leben, oft besonders viel Wert auf die Kultur ihres Heimatlandes legen.

   a) Notiere deine Vermutung.

   Menschen, die von einer fremden Kultur umgeben sind, haben häufig Angst, ihre eigene kulturelle Identität zu verlieren. Deshalb üben sie ihre Religion und ihre Bräuche umso intensiver aus.

   b) Nenne mindestens ein Beispiel aus heutiger Zeit für dieses Verhalten.

   Hier sind mehrere Beispiele möglich, vor allem aber das der Migranten in Deutschland.

5. Höre dir das Lied „By the rivers of Babylon" auf dem zu dieser Station gehörenden MP3-Player an. Wie wird die Situation der Juden in Babylon hier beschrieben?

   Die Situation der Juden wird sehr traurig und düster beschrieben. Die Juden sitzen weinend am Fluss und sehnen sich nach ihrer Heimat Zion.

6. Lies in der Bibel im Buch Daniel, von dem Sarah erzählt, nach.
   Beschreibe genau, wie die Situation der Juden in Babylon tatsächlich war.
   Besonders hilfreich sind hierzu folgende Textstellen: Kapitel 1 (Vers 4–6 und Vers 8–9), Kapitel 2 (Vers 47–48) und Kapitel 6 (Vers 4–24).

   Daniel wird gemeinsam mit anderen jüdischen Jugendlichen am Hof des babylonischen Königs ausgebildet. Er hat (zumindest am Anfang) die Möglichkeit, seine Religion frei auszuüben. Da er sehr begabt ist, wird er Berater des Königs, macht Karriere am königlichen Hof und bekleidet bald hohe Ämter. Allerdings bringt ihm das auch Neid ein, zumal er eine höhere Stellung hat als mancher Babylonier. Da erscheint seine Religion für seine Feinde und Neider eine gute Gelegenheit, ihn beim König „anzuschwärzen" (auch wenn die Ausübung der Religion hier natürlich nur ein Vorwand ist).

Ausgegrabene Ruinen der biblischen Stadt Babylon im Jahr 1932

7. Stelle dir vor, ein Jugendlicher aus der heutigen Zeit, auf den die in Aufgabe 4b beschriebene Situation zutrifft, und Sarah begegnen sich und unterhalten sich über ihre Gemeinsamkeiten. Schreibe auf einem Extra-Zettel einen Dialog, wie er zwischen den beiden entstehen könnte. Wenn du dir einen Partner für diese Aufgabe suchst, könnt ihr euren Dialog anschließend als Rollenspiel der Klasse vorführen!

   = individuelle Lösung

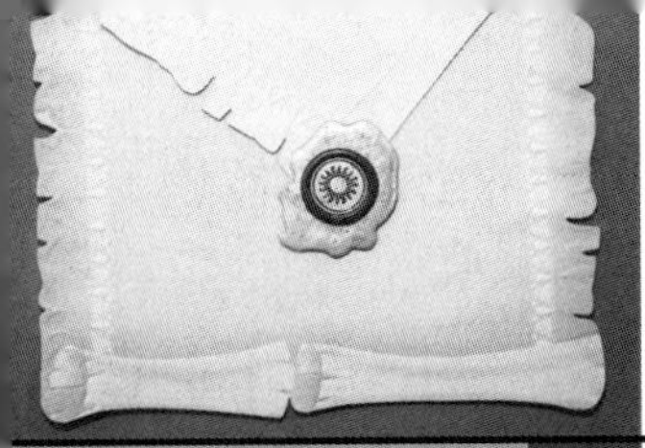

Die Entstehung des Neuen Testaments – Paulus und die Briefe

Beginn und Verbreitung des Christentums

Bis zur Zeit Jesu gab es nur das Alte Testament, das auch heute noch die Heilige Schrift der Juden ist. Durch Jesus entstand aber eine neue Religion, die zwar ihre Wurzeln im Judentum hat, aber darüber hinaus an das glaubt, was Jesus den Menschen beigebracht hat: das Christentum.

Nach dem Tod und der Auferstehung Jesu reisten seine Jünger, die man nun „Apostel" (das heißt „Gesandte") nannte, herum und erzählten, was sie mit Jesus erlebt hatten. Das Christentum war ja gerade erst entstanden und sollte sich nun schnell verbreiten. Die Apostel erklärten den Menschen, wie sie sich nach Gottes Willen verhalten sollten, und gründeten an mehreren Orten neue christliche Gemeinden.

Die Briefe des Apostel Paulus

Besonders viele und weite Reisen unternahm ein Mann namens Paulus, der zwar nicht zu den ursprünglichen Jüngern Jesu gehörte, aber wenige Jahre nach Jesu Tod und Auferstehung zum Christentum bekehrt wurde.

Wenn Paulus nun eine christliche Gemeinde gegründet hatte, fühlte er sich für den Lebenswandel der dort lebenden Menschen verantwortlich. Allerdings konnte er nicht „mal eben" erneut dorthin reisen, wenn es Probleme gab, denn solche Reisen dauerten damals sehr lange (Paulus lebte bis 64 n. Chr.) und waren auch sehr gefährlich. Wenn er also von Schwierigkeiten in einer dieser Gemeinden hörte, schrieb er einen Brief an sie, in dem er seine Sicht der Dinge darlegte, denn Briefe wurden im Römischen Reich recht zuverlässig zugestellt. Meistens ging es in Paulus' Briefen um die Ausübung des christlichen Glaubens und um das Verhältnis zu nicht christlichen Nachbargemeinden. Anhand dieser Briefe, die z.T. erhalten werden konnten und heute im Neuen Testament der Bibel nachzulesen sind, können wir uns eine gute Vorstellung vom Leben der ersten Christen und von ihrem Glauben machen, denn Paulus geht recht konkret auf die Probleme der jeweiligen Gemeinde ein und erklärt seinen Glauben sehr detailliert.

Der Apostel Paulus

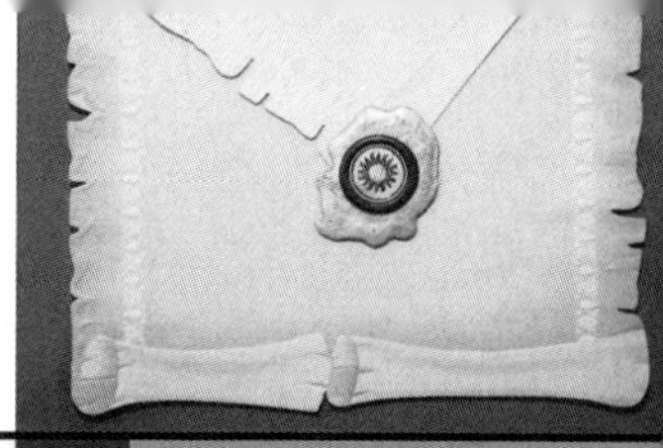

Die Entstehung des Neuen Testaments – Paulus und die Briefe

1. Schlage die Bibel auf, und schaue nach, welche Bücher zum Neuen Testament gehören.

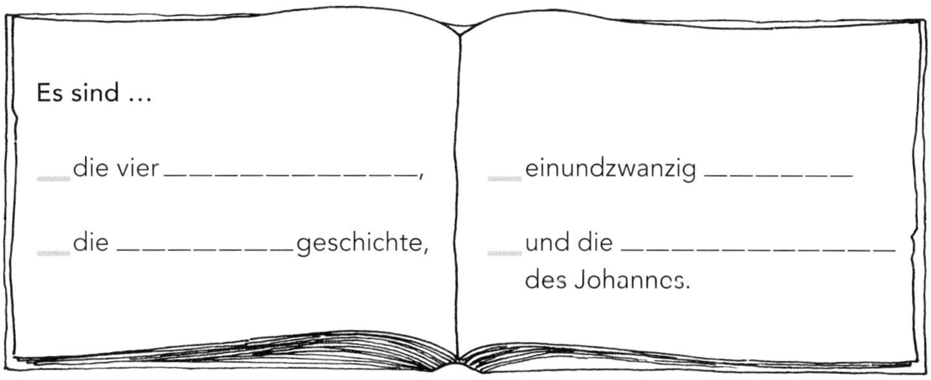

2. Beantworte die folgenden Fragen anhand des Textes. Schreibe in ganzen Sätzen.
   a) Warum hat der Apostel Paulus so viele Briefe geschrieben?

   ____

   ____

   ____

   b) Was macht die Briefe für uns heute besonders interessant?

   ____

3. Paulus ist sehr weit gereist, um den Menschen vom Christentum zu erzählen. Vergleiche eine Karte mit den Reisen des Paulus (z.B. unter http://classic.scriptures.lds.org/de/biblemaps/13) mit einer heutigen Karte des Mittelmeerraumes (z.B. im Atlas). Kreuze an, in welchen (heutigen) Ländern Paulus unterwegs war.

	Ja	Nein		Ja	Nein
Ägypten	☐	☐	Spanien	☐	☐
Griechenland	☐	☐	Syrien	☐	☐
Israel	☐	☐	Tunesien	☐	☐
Italien	☐	☐	Türkei	☐	☐
Libanon	☐	☐	Zypern	☐	☐
Malta	☐	☐			

4. Paulus hat seine Briefe meistens an Gemeinden geschrieben, die er vorher persönlich besucht oder sogar gegründet hatte. Finde mit Hilfe dieser Information und deiner Ergebnisse aus Aufgabe 3 mindestens drei Briefe aus dem Neuen Testament, die von ihm stammen können.

   ____

   ____

   ____

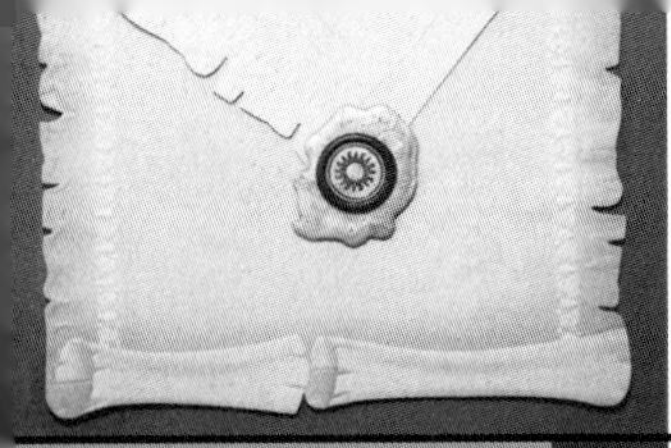

Die Entstehung des Neuen Testaments – Paulus und die Briefe

STATION **4** Lösungsblatt

1. Schlage die Bibel auf, und schaue nach, welche Bücher zum Neuen Testament gehören.

Es sind ...

___ die vier *Evangelien*,

___ die *Apostel*geschichte,

___ einundzwanzig *Briefe*

___ und die *Offenbarung* des Johannes.

2. Beantworte die folgenden Fragen anhand des Textes. Schreibe in ganzen Sätzen.
   a) Warum hat der Apostel Paulus so viele Briefe geschrieben?

   Er fühlte sich für die von ihm gegründeten Gemeinden verantwortlich, konnte aber bei Schwierigkeiten nicht einfach dorthin reisen, weil eine solche Reise damals sehr lang dauerte und sehr gefährlich war.

   b) Was macht die Briefe für uns heute besonders interessant?

   Ihre Berichte über das Leben und den Glauben der ersten christlichen Gemeinden.

3. Paulus ist sehr weit gereist, um den Menschen vom Christentum zu erzählen. Vergleiche eine Karte mit den Reisen des Paulus (z.B. unter http://classic.scriptures.lds.org/de/biblemaps/13) mit einer heutigen Karte des Mittelmeerraumes (z.B. im Atlas). Kreuze an, in welchen (heutigen) Ländern Paulus unterwegs war!

	Ja	Nein		Ja	Nein
Ägypten	☐	☒	Spanien	☐	☒
Griechenland	☒	☐	Syrien	☒	☐
Israel	☒	☐	Tunesien	☐	☒
Italien	☒	☐	Türkei	☒	☐
Libanon	☒	☐	Zypern	☒	☐
Malta	☒	☐			

4. Paulus hat seine Briefe meistens an Gemeinden geschrieben, die er vorher persönlich besucht oder sogar gegründet hatte. Finde mit Hilfe dieser Information und deiner Ergebnisse aus Aufgabe 3 mindestens drei Briefe aus dem Neuen Testament, die von ihm stammen können.

   Folgende Briefe können von Paulus stammen: Römer (er war in Italien), Korinther, Philipper, Thessalonicher (er war in Griechenland), Galater, Epheser (er war in der Türkei). (Bei einigen dieser Briefe vermutet man aber, dass sie eher von Paulus' Schülern stammen.)

Die Entstehung des Neuen Testaments – Paulus und die Briefe

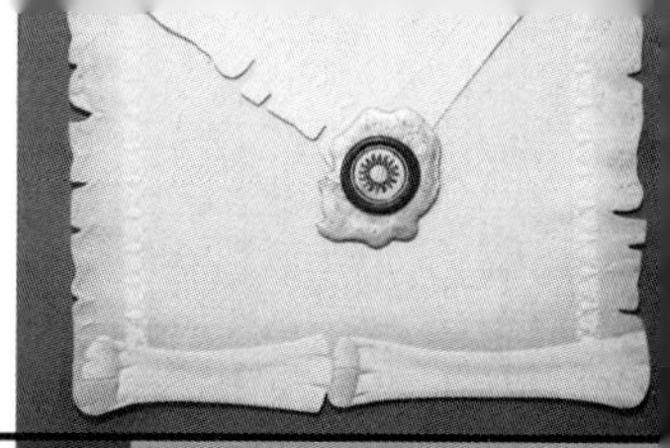

Beginn und Verbreitung des Christentums

Bis zum 1. Jh. n. Chr. gab es nur das Alte Testament, das auch heute noch die Heilige Schrift der Juden ist. Jesus aber hat den Menschen so viel Neues gebracht, dass unter den Menschen, die an seine Lehren glaubten, eine neue Religion entstand: das Christentum.

Nach dem Tod und der Auferstehung Jesu reisten seine Jünger, die man nun „Apostel" nannte (das ist das griechische Wort für „Gesandte"), herum und erzählten, was sie mit Jesus erlebt hatten. Sie waren – wie Jesus selbst – Juden und sahen in Jesus den lange erwarteten Messias. Nicht alle Juden wollten der Lehre Jesu folgen, gleichzeitig gab es aber viele „Heiden", also Menschen aus anderen Religionen, die begannen, an Jesus zu glauben. So entwickelte sich das Christentum aus einer kleinen Strömung innerhalb des Judentums zu einer eigenständigen Religion.

Die Apostel erklärten den Menschen, wie sie sich nach Gottes Willen verhalten sollten, und gründeten an mehreren Orten neue christliche Gemeinden. Da nicht alle Menschen mit diesen neuen Lehren einverstanden waren, führten die Apostel und auch die anderen frühen Christen ein sehr gefährliches Leben.

Die Briefe des Apostel Paulus

Besonders viele und weite Reisen unternahm ein Mann namens Paulus, der zwar nicht zu den ursprünglichen Jüngern Jesu gehörte, aber wenige Jahre nach Jesu Tod und Auferstehung zum Christentum bekehrt wurde.

Wenn Paulus nun eine christliche Gemeinde gegründet hatte, fühlte er sich für den Lebenswandel der dort lebenden Menschen verantwortlich. Allerdings konnte er nicht „mal eben" erneut dorthin reisen, wenn es Probleme gab, denn solche Reisen dauerten damals sehr lange (Paulus lebte bis 64 n. Chr.) und waren auch sehr gefährlich. Wenn er also von Schwierigkeiten in einer dieser Gemeinden hörte, schrieb er einen Brief an sie, in dem er seine Sicht der Dinge darlegte, denn Briefe wurden im Römischen Reich recht zuverlässig zugestellt. Meistens ging es in Paulus' Briefen um die Ausübung des christlichen Glaubens und um das Verhältnis zu nicht christlichen Nachbargemeinden. Anhand dieser Briefe, die z.T. erhalten werden konnten und heute im Neuen Testament der Bibel nachzulesen sind, können wir uns eine gute Vorstellung vom Leben der ersten Christen und von ihrem Glauben machen, denn Paulus geht recht konkret auf die Probleme der jeweiligen Gemeinde ein und erklärt seinen Glauben sehr detailliert.

Der Apostel Paulus

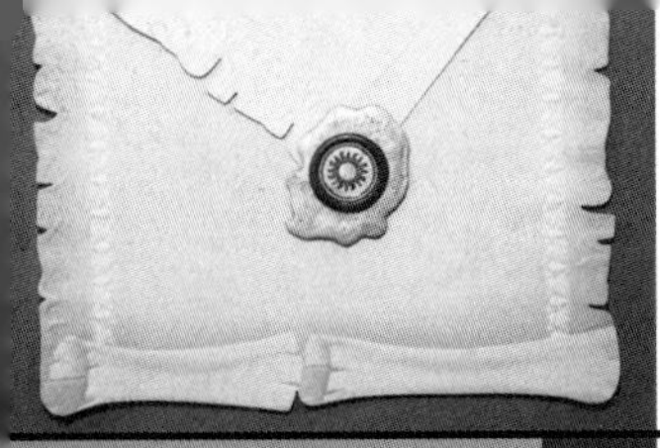

Die Entstehung des Neuen Testaments – Paulus und die Briefe

STATION **4** Arbeitsblatt (1/2)

1. Lies in der Bibel in der Apostelgeschichte (Kapitel 9, Vers 1–31) nach, was du über das Leben des Paulus erfahren kannst. (Achtung: Damals nannte er sich Saulus!)
   a) Wie lebte er, bevor er Christ wurde?

   b) Warum wurde er Christ?

   c) Wie änderte sich sein Leben, nachdem er Christ geworden war?

2. Paulus ist sehr weit gereist, um den Menschen vom Christentum zu erzählen. Vergleiche eine Karte mit den Reisen des Paulus (z.B. unter http://classic.scriptures.lds.org/de/biblemaps/13) mit einer heutigen Karte des Mittelmeerraumes (z.B. im Atlas). Nenne acht (heutige) Länder, in denen Paulus unterwegs war!

3. Welchen Zweck hatten die Reisen des Paulus und seine Briefe? Warum hätte nur eins von beiden nicht ausgereicht?

4. Welche Gruppen gab es innerhalb der urchristlichen Gemeinden, vor welchen Schwierigkeiten standen sie, und wie ging Paulus in seinen Briefen darauf ein?
   a) Lies zur Beantwortung der Frage den Text auf der nächsten Seite, und schlage außerdem im Galaterbrief (Kapitel 3, Vers 2–5 und 23–25) nach.

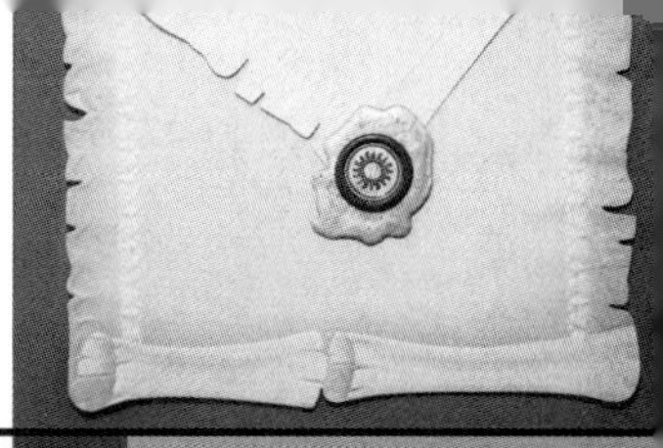

b) Schlage außerdem im 1. Thessalonicherbrief (Kapitel 2, Vers 14–16) nach.

Judenchristen und Heidenchristen

Jesus und seine Jünger waren Juden, und die ersten Anhänger, die sich nach Jesu Tod zu seiner Lehre bekannten, waren ebenfalls Anhänger des Judentums. Sie sahen in Jesus den versprochenen Messias und nicht unbedingt den Beginn einer neuen Religion. Als gläubige Juden hielten sie sich an die religiösen Vorschriften (Gesetze) des Judentums, z.B. die strengen Speisegebote und die Beschneidung, übten jedoch auch die neuen christlichen Bräuche aus, wie z.B. das Abendmahl, das Jesus ihnen gebracht hatte. Man nannte sie **„Judenchristen"**, da sie sowohl Juden als auch Christen waren.

Allerdings verbreitete sich der christliche Glaube recht schnell im Römischen Reich, und auch Angehörige der zahlreichen anderen Religionen (die aus Sicht der Juden also Heiden waren) fühlten sich von dieser neuen Lehre angesprochen. Sie ließen sich taufen und übten die christlichen Bräuche aus (die jüdischen Bräuche hingegen spielten für sie keine Rolle). Diese Gruppen von Gläubigen nannte man **„Heidenchristen"**, da sie ohne „Umweg" über das Judentum direkt von Heiden zu Christen wurden.

Im 1. Jh. n. Chr. gab es in vielen Gemeinden sowohl Juden- als auch Heidenchristen, wobei die Judenchristen zunächst den größeren Teil der Christen ausmachten und zeitweise auch dafür plädierten, dass Heiden zuerst Juden werden müssten, bevor sie sich taufen lassen dürften. Später jedoch überwogen die Heidenchristen, und ab ca. 400 n. Chr. kamen kaum noch neue Judenchristen hinzu.

5. Kannst du dir einen Anlass vorstellen, weswegen Paulus – wenn er heute leben würde – einen Brief an die ______________________ schreiben könnte? Schreibe auf einen Extra-Zettel einen solchen Brief!

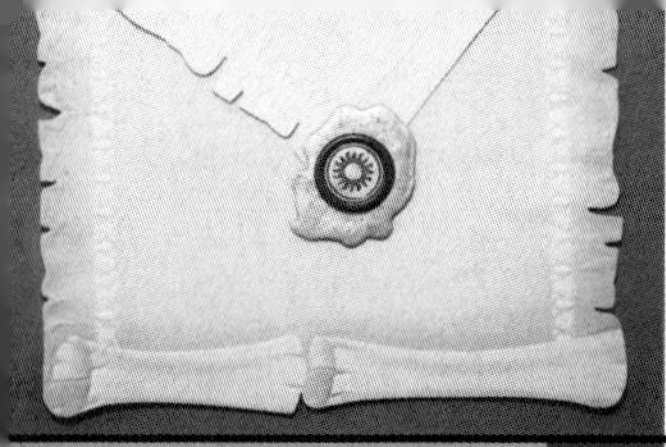

Die Entstehung des Neuen Testaments – Paulus und die Briefe

1. Lies in der Bibel in der Apostelgeschichte (Kapitel 9, Vers 1–31) nach, was du über das Leben des Paulus erfahren kannst. (Achtung: Damals nannte er sich Saulus!)
   a) Wie lebte er, bevor er Christ wurde?

   Saulus war ein frommer jüdischer Schriftgelehrter (Pharisäer), der die Christen verfolgte.

   b) Warum wurde er Christ?

   Auf einer Reise nach Damaskus hatte Saulus eine Erscheinung von Jesus, der ihn fragte, warum er die Christen verfolge. Danach wurde er blind, bis er Besuch vom Christen Hananias bekam, der – ebenfalls durch eine Erscheinung Jesu – den Auftrag erhalten hatte, ihn zu heilen. Daraufhin war Saulus von Jesus überzeugt und wurde selbst Christ.

   c) Wie änderte sich sein Leben, nachdem er Christ geworden war?

   Er predigte in vielen Gemeinden und wurde einer der wichtigsten Apostel. Allerdings wurde er wegen seines Glaubens auch verfolgt und lebte gefährlich.

2. Paulus ist sehr weit gereist, um den Menschen vom Christentum zu erzählen. Vergleiche eine Karte mit den Reisen des Paulus (z.B. unter http://classic.scriptures.lds.org/de/biblemaps/13) mit einer heutigen Karte des Mittelmeerraumes (z.B. im Atlas). Nenne acht (heutige) Länder, in denen Paulus unterwegs war!

   Paulus hat beinahe den gesamten östlichen Mittelmeerraum bereist: Griechenland, Israel, Italien, Libanon, Malta, Syrien, Türkei, Zypern

3. Welchen Zweck hatten die Reisen des Paulus und seine Briefe? Warum hätte nur eins von beiden nicht ausgereicht?

   Durch seine Reisen war Paulus in vielen Gemeinden persönlich bekannt. Diese Wirkung hätte ein Brief niemals haben können. Nachdem er aber bekannt war, reichten Briefe aus, um den Kontakt aufrechtzuerhalten und den Gemeinden Lösungen für Probleme vorzuschlagen und ihnen Mut zu machen. So musste Paulus nicht jedes Mal eine lange Reise auf sich nehmen oder eine andere Reise unterbrechen.

4. Welche Gruppen gab es innerhalb der urchristlichen Gemeinden, vor welchen Schwierigkeiten standen sie, und wie ging Paulus in seinen Briefen darauf ein?
   a) Lies zur Beantwortung der Frage den Text auf der nächsten Seite, und schlage außerdem im Galaterbrief (Kapitel 3, Vers 2–5 und 23–25) nach.

   In den urchristlichen Gemeinden gab es zwei Gruppen: Die Judenchristen, die sich sowohl an die sehr strengen jüdischen als auch an die freieren christlichen Religionsvorschriften hielten, und die Heidenchristen, für die nur die christlichen Vorschriften eine Rolle spielten. Zwischen diesen Gruppen (und auch innerhalb der Gruppe der Judenchristen) gab es immer wieder Konflikte, welche religiösen Vorschriften (Gesetze) eingehalten werden müssten. Paulus – obwohl selbst ein Judenchrist – stellte sich hier auf die Seite der Heidenchristen und erklärte, dass durch die von Jesus verkündeten neuen Gesetze die alten jüdischen Vorschriften entkräftet wurden.

b) Schlage außerdem im 1. Thessalonicherbrief (Kapitel 2, Vers 14–16) nach.

Die urchristlichen Gemeinden wurden von verschiedenen Seiten verfolgt, vor allem durch Juden und Römer.

5. Kannst du dir einen Anlass vorstellen, weswegen Paulus – wenn er heute leben würde – einen Brief an die ______________________________ schreiben könnte? Schreibe auf einen Extra-Zettel einen solchen Brief!

= individuelle Lösung

Statue des Apostel Paulus vor dem Petersdom in Rom

Die Evangelien

STATION 5 — Infoblatt

Nach dem Tod und der Auferstehung Jesu reisten seine Jünger durch das ganze Römische Reich, gründeten Gemeinden und verbreiteten den neuen christlichen Glauben.

Im Gottesdienst in den jungen christlichen Gemeinden wollte man den Menschen von Jesus und seinem Leben erzählen. Da die Menschen, die Jesus noch persönlich gekannt hatten, aber nicht überall gleichzeitig sein konnten, um von ihm zu erzählen, und außerdem eines Tages sterben würden, begannen mehrere Leute, die Geschichten über Jesus aufzuschreiben. So entstanden die **vier Evangelien** von Matthäus, Markus, Lukas und Johannes (der Begriff „Evangelium" heißt so viel wie „Gute Nachricht"), die heute im Neuen Testament stehen.

Da alle vier Evangelien vom Leben Jesu erzählen, ist es nicht besonders merkwürdig, dass sie sich ähnlich sind. Matthäus, Markus und Lukas stimmen allerdings in vielen Geschichten so stark (teilweise sogar wörtlich) überein, dass es kein Zufall mehr sein kann. Hat da etwa jemand gespickt?

Der Evangelist Matthäus

Versuche herauszufinden, wer bei wem abgeschrieben hat! Stelle dir vor, du wärst Lehrer und würdest bei der Korrektur eines Aufsatzes feststellen, dass drei Schüler verdächtig ähnliche Texte geschrieben haben. Du musst nun mit Hilfe der Texte feststellen, wer von wem abgeschrieben haben könnte:

Lukas hat geschrieben:

Im Neuen Testament stehen ganz viele Geschichten über Jesus, der vor 2000 Jahren lebte.
Er hat oft Menschen geheilt, die seine Hilfe brauchten, und er hat viele Wunder geschehen lassen.

Matthias hat geschrieben:

Im Neuen Testament stehen ziemlich viele Geschichten über Jesus.
Er lebte vor 2000 Jahren und hat kranke Menschen geheilt und viele Wunder geschehen lassen.

Markus hat geschrieben:

Im Neuen Testament stehen Geschichten über Jesus.
Er lebte vor 2000 Jahren und hat Menschen geheilt und Wunder geschehen lassen.

Tipp:

Versetze dich in die Situation des Abschreibenden (der nicht unter Zeitdruck steht). Würdest du den Text eher kürzen oder eher etwas ausschmücken?

Die Evangelien

1. Beantworte die folgende Frage anhand des Textes: Wann und warum wurden die Evangelien geschrieben?

____

____

____

2. Löse die Aufgabe vom Infoblatt:
   a) Welcher der drei Schüler Lukas, Matthias und Markus hat den Original-Aufsatz geschrieben? Begründe deine Vermutung.

   ____

   ____

   b) Der Lehrer ist sich nun sicher, die beiden Abschreiber herausgefunden zu haben. Wenn man ihre Aufsätze vergleicht, fällt auf, dass sie viele ähnliche Aussagen und Formulierungen verwendet haben, die aber im Original-Aufsatz nicht vorkommen. Direkt voneinander abgeschrieben haben können die beiden jedoch nicht, weil der Schüler, der das Original geschrieben hat, in der Mitte saß. Welchen Grund könnte es für diese Ähnlichkeiten geben?

   ____

   ____

   ____

3. Übertrage deine Ergebnisse der ersten beiden Aufgaben nun auf die Evangelisten!
   a) Wer hat denn hier bei wem abgeschrieben? (Man geht von zwei unterschiedlichen Quellen aus, von denen eine aber heute nicht mehr erhalten ist.)

   ____

   ____

   ____

   b) Trage in das Bild Pfeile ein, die zeigen, wer von wem abgeschrieben hat:

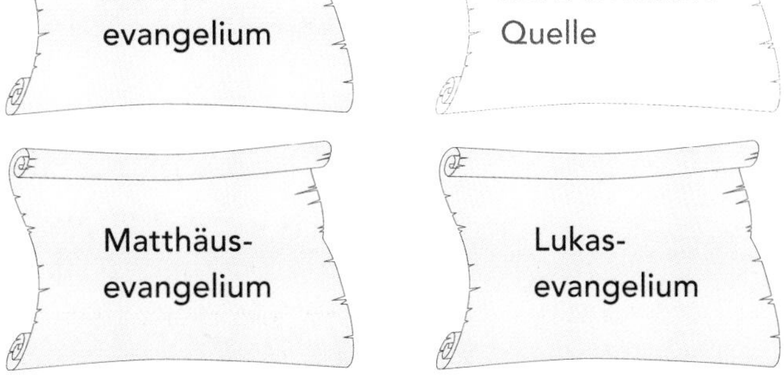

Die Zwei-Quellen-Theorie

Die Evangelien

1. Beantworte die folgende Frage anhand des Textes: Wann und warum wurden die Evangelien geschrieben?

   Die Evangelien erzählen vom Leben Jesu und wurden nach dessen Tod aufgeschrieben. Durch das Aufschreiben wollte man die Geschichten über ihn weiter verbreiten und außerdem sichergehen, dass sie nach dem Tod der Apostel nicht irgendwann vergessen würden.

2. Löse die Aufgabe vom Infoblatt:
   a) Welcher der drei Schüler Lukas, Matthias und Markus hat den Original-Aufsatz geschrieben? Begründe deine Vermutung.

   Markus hat den Original-Aufsatz verfasst, denn sein Text findet sich bei Matthias und Lukas wieder, allerdings haben beide den Text beim Abschreiben ausgeschmückt.

   b) Der Lehrer ist sich nun sicher, die beiden Abschreiber herausgefunden zu haben. Wenn man ihre Aufsätze vergleicht, fällt auf, dass sie viele ähnliche Aussagen und Formulierungen verwendet haben, die aber im Original-Aufsatz nicht vorkommen. Direkt voneinander abgeschrieben haben können die beiden jedoch nicht, weil der Schüler, der das Original geschrieben hat, in der Mitte saß. Welchen Grund könnte es für diese Ähnlichkeiten geben?

   Möglicherweise haben Matthias und Lukas zusammen gelernt oder zumindest dasselbe Buch zum Lernen benutzt. Daher kamen sie beim Ausschmücken auf ähnliche Ideen und Formulierungen.

3. Übertrage deine Ergebnisse der ersten beiden Aufgaben nun auf die Evangelisten!
   a) Wer hat denn hier bei wem abgeschrieben? (Man geht von zwei unterschiedlichen Quellen aus, von denen eine aber heute nicht mehr erhalten ist.)

   Matthäus und Lukas haben das Markusevangelium und eine weitere, heute nicht mehr erhaltene Quelle benutzt und daraus unabhängig voneinander ein eigenes Evangelium zusammengestellt.

   b) Trage in das Bild Pfeile ein, die zeigen, wer von wem abgeschrieben hat:

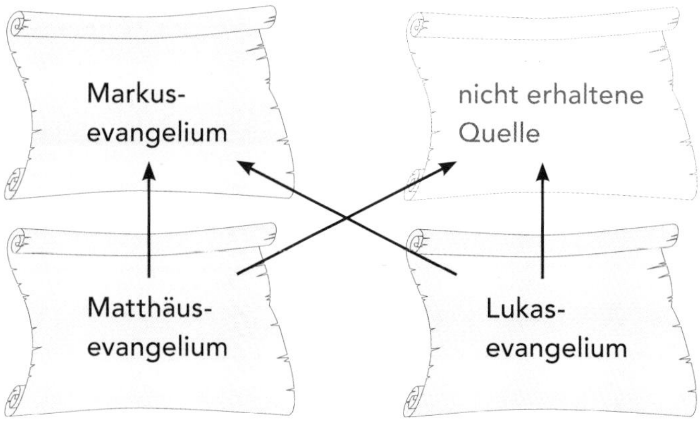

Die Zwei-Quellen-Theorie

Die Evangelien

Nach dem Tod Jesu gründeten die Apostel viele Gemeinden und verbreiteten den christlichen Glauben im ganzen Römischen Reich. In den jungen christlichen Gemeinden wuchs der Wunsch nach Erzählungen, die von Jesus und seinem Leben berichteten. Die Apostel, die Jesus größtenteils noch persönlich gekannt hatten, konnten aber natürlich nicht überall gleichzeitig sein, um von ihm zu erzählen. Und eines Tages würden sie auch sterben. Also begannen mehrere Leute, diese Geschichten über Jesus aufzuschreiben. So entstanden die **vier Evangelien** von Matthäus, Markus, Lukas und Johannes (der griechische Begriff „Evangelium" heißt so viel wie „Gute Nachricht"), die heute im Neuen Testament stehen.

Der Evangelist Matthäus

Da alle vier Evangelien vom Leben Jesu erzählen, überrascht es nicht besonders, dass sie sich ähneln. Matthäus, Markus und Lukas stimmen allerdings in vielen Geschichten so stark (teilweise sogar wörtlich) überein, dass es kein Zufall mehr sein kann. Man geht daher davon aus, dass hier **abgeschrieben** wurde – was zu der damaligen Zeit durchaus erlaubt war. Für Bibelforscher ist es aber natürlich wichtig, zu wissen, welcher der **Originaltext** ist, da jede später abgeschriebene Fassung eigene Interpretationen des Autors enthält (die dann wieder aus anderen Gründen interessant sind).

Der Evangelist Lukas

Der Evangelist Markus

Wenn die Bibelforscher einen Text, den Markus, Matthäus und Lukas gemeinsam haben, genauer untersuchen möchten, vergleichen sie die verschiedenen Fassungen dieser drei Evangelisten. Es gibt Bücher, die diese drei Evangelien so nebeneinanderdrucken, dass man gemeinsame Texte auf einen Blick vergleichen kann. Solche Bücher heißen **„Synopse"** (das ist das griechische Wort für „Zusammenschau"), und die drei Evangelisten, deren Texte sich so vergleichen lassen, nennt man die **„Synoptiker"**. Der vierte Evangelist, Johannes, hat wenig wörtliche Übereinstimmungen mit den anderen und wird deshalb eher einzeln betrachtet.

Der Evangelist Johannes

Die Evangelien

1. **Beantworte die folgende Frage anhand des Textes: Warum wurden die Evangelien geschrieben?**

___

___

___

___

2. **Die Evangelien von Matthäus, Markus und Lukas sind sich sehr ähnlich.**

   a) Versuche herauszufinden, wer bei wem abgeschrieben hat! Folgende Beobachtungen können dir dabei helfen:

   __ Die Evangelien von Matthäus (Mt) und Lukas (Lk) sind wesentlich länger als das Markusevangelium (Mk).

   __ Mt und Lk haben viele Textstücke (vor allem Jesusworte) gemeinsam, die bei Mk nicht stehen. Diese Textstücke sind aber an unterschiedlichen Stellen eingefügt und stimmen nicht genau wörtlich überein.

   Tipp:

   Würdest du beim Abschreiben (ohne Zeitdruck) eher etwas weglassen oder ausschmücken?

   ___

   ___

   ___

   ___

   ___

   b) Verbildliche deine Vermutung: Trage in das Bild Pfeile ein, die zeigen, wer von wem abgeschrieben hat.

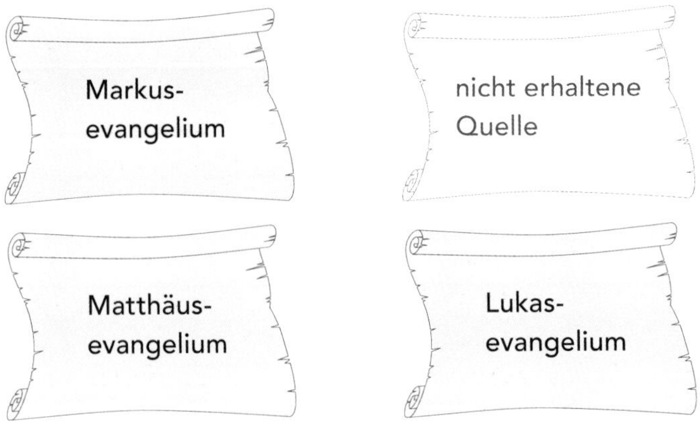

Die Zwei-Quellen-Theorie

3. **Im Matthäusevangelium sind viele Textstellen aus dem Alten Testament zitiert. Du erkennst sie daran, dass die zitierte Textstelle folgendermaßen angegeben ist:**

   … was der Herr durch den Propheten gesagt hat, der da spricht (**Hosea 11,1**): „Aus Ägypten habe ich meinen Sohn gerufen." …

a) Lies in der Bibel nach, und finde mindestens drei Beispiele für solche Zitate. Notiere die Bibelstelle und die zitierte Stelle aus dem Alten Testament (Beispiel: Mt, Kapitel 2, Vers 14: Hosea 11,1).

____

b) Welchen Grund hatte Matthäus, diese Zitate zu verwenden? Lies auch den unten stehenden Text – für welche der beiden Gruppen hatten diese Zitate eine Bedeutung?

____

____

____

____

Judenchristen und Heidenchristen

Jesus und seine Jünger waren Juden, und die ersten Anhänger, die sich nach Jesu Tod zu seiner Lehre bekannten, waren ebenfalls Anhänger des Judentums. Sie sahen in Jesus den versprochenen Messias und nicht unbedingt den Beginn einer neuen Religion. Als gläubige Juden hielten sie sich an die religiösen Vorschriften (Gesetze) des Judentums, z.B. die strengen Speisegebote und die Beschneidung, übten jedoch auch die neuen christlichen Bräuche aus, wie z.B. das Abendmahl, das Jesus ihnen gebracht hatte. Man nannte sie **„Judenchristen"**, da sie sowohl Juden als auch Christen waren.

Allerdings verbreitete sich der christliche Glaube recht schnell im Römischen Reich, und auch Angehörige der zahlreichen anderen Religionen (die aus Sicht der Juden also Heiden waren) fühlten sich von dieser neuen Lehre angesprochen. Sie ließen sich taufen und übten die christlichen Bräuche aus (die jüdischen Bräuche hingegen spielten für sie keine Rolle). Diese Gruppen von Gläubigen nannte man **„Heidenchristen"**, da sie ohne „Umweg" über das Judentum direkt von Heiden zu Christen wurden.

Im 1. Jh. n. Chr. gab es in vielen Gemeinden sowohl Juden- als auch Heidenchristen, wobei die Judenchristen zunächst den größeren Teil der Christen ausmachten und zeitweise auch dafür plädierten, dass Heiden zuerst Juden werden müssten, bevor sie sich taufen lassen dürften. Später jedoch überwogen die Heidenchristen, und ab ca. 400 n. Chr. kamen kaum noch neue Judenchristen hinzu.

4. Warum wurden damals mehrere Bücher über Jesus geschrieben, obwohl der Inhalt doch so ähnlich war? Notiere deine Vermutung.

____

____

Die Evangelien

1. Beantworte die folgende Frage anhand des Textes: Warum wurden die Evangelien geschrieben?

   Solange die Apostel lebten, konnten sie den Gemeinden aus erster Hand von Jesus berichten. Um jedoch auch nach dem Tod der Apostel diese Geschichten erhalten zu können, schrieb man sie auf. Außerdem ließen sich die Geschichten in Büchern besser und weiter verbreiten als nur durch die mündliche Überlieferung (siehe Station 1).

2. Die Evangelien von Matthäus, Markus und Lukas sind sich sehr ähnlich.
   a) Versuche herauszufinden, wer bei wem abgeschrieben hat!

   Matthäus und Lukas haben beide bei Markus abgeschrieben und die Texte dabei noch etwas ausgeschmückt. Deshalb sind sie länger als die von Markus.

   Hätten Matthäus und Lukas zusammengearbeitet oder einer vom anderen abgeschrieben, so wären diese Textstellen an derselben Stelle eingefügt und würden weitgehend wörtlich übereinstimmen. Da dies nicht der Fall ist, müssen sie unabhängig voneinander gearbeitet haben. (Man geht davon aus, dass diese Jesusworte in Form eines weiteren Buches vorlagen, das sowohl Matthäus als auch Lukas kannte, das heute aber nicht mehr erhalten ist.)

   b) Verbildliche deine Vermutung: Trage in das Bild Pfeile ein, die zeigen, wer von wem abgeschrieben hat.

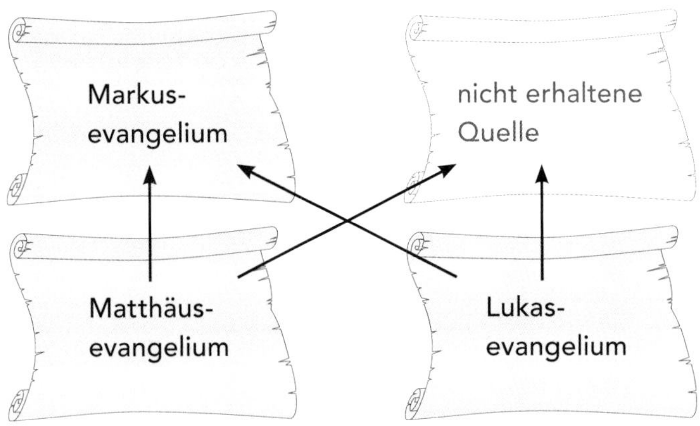

Die Zwei-Quellen-Theorie

Die Evangelien

3. Im Matthäusevangelium sind viele Textstellen aus dem Alten Testament zitiert. Du erkennst sie daran, dass die zitierte Textstelle folgendermaßen angegeben ist:

   > … was der Herr durch den Propheten gesagt hat, der da spricht (**Hosea 11,1**): „Aus Ägypten habe ich meinen Sohn gerufen." …

   a) Lies in der Bibel nach, und finde mindestens drei Beispiele für solche Zitate. Notiere die Bibelstelle und die zitierte Stelle aus dem Alten Testament (Beispiel: Mt, Kapitel 2, Vers 14: Hosea 11,1).

   = individuelle Lösung

   b) Welchen Grund hatte Matthäus, diese Zitate zu verwenden? Lies auch den unten stehenden Text – für welche der beiden Gruppen hatten diese Zitate eine Bedeutung?

   Nur Christen mit jüdischem Hintergrund (also die Judenchristen) kannten das Alte Testament, sodass diese Zitate nur für sie eine Bedeutung hatten. Matthäus wollte mit diesen Zitaten verdeutlichen, dass sich die Ankündigungen der alttestamentlichen Propheten erfüllt haben – was bedeutet, dass Jesus der von den Juden erwartete Messias ist. Matthäus wollte also möglichst viele Juden von Jesus überzeugen.

4. Warum wurden damals mehrere Bücher über Jesus geschrieben, obwohl der Inhalt doch so ähnlich war? Notiere deine Vermutung.

   Es gab unterschiedliche Zielgruppen (vor allem Juden- und Heidenchristen), für die die Texte bestimmt waren, und außerdem ließ jeder Evangelist etwas eigene Interpretation in seinen Text einfließen.

Die Kanonisierung der Bibel

Die Kanonisierung der Bibel ist mit einer Bibliothek vergleichbar, deren Sammlung über die Jahre hinweg ergänzt und aussortiert wird.

Die Bibel ist über mehrere Jahrhunderte hinweg entstanden. Immer wieder kamen Geschichten hinzu, die über Gott und die Menschen, die an ihn glauben, berichten. Du kannst dir das **wie eine Bibliothek** vorstellen, in die immer neue Bücher hineingestellt werden. Manche Bücher wurden allerdings als wichtiger und glaubwürdiger empfunden als andere, und so wurden auch immer mal wieder Bücher „aussortiert". Schon im 7. Jh. v. Chr. hatte man begonnen, festzulegen, welche Geschichten für die Juden zur **Heiligen Schrift** gehören sollten. Damals ging es also um das **Alte Testament** bzw. um die **jüdische Thora**. Zu ihr gehörten die fünf Bücher Mose. Später kamen außerdem nach und nach verschiedene Prophetenbücher und Psalmen hinzu. Nachdem im Jahr 70 n. Chr. der Tempel in Jerusalem erneut zerstört wurde und die Juden in verschiedene Länder flohen, wurde endgültig beschlossen, welche Texte für alle Juden auf der ganzen Welt zur Heiligen Schrift gehören sollten. Diesen Vorgang, bei dem festgelegt wird, welche Bücher zur Heiligen Schrift gehören und welche nicht, nennt man **Kanonisierung**.

Auch das **Neue Testament** mit seinen Geschichten über Jesus und die Apostel und den Briefen aus der Anfangszeit des Christentums hat eine solche Auswahl hinter sich. Es gab z.B. mehr als vier Evangelien, doch die anderen wurden als nicht so wichtig angesehen. Im 2. Jh. n. Chr. hatte man sich schließlich weitgehend geeinigt, nur über die Bedeutung einzelner Briefe wurde immer noch diskutiert. Erst im 4. Jh. n. Chr. war die **Kanonisierung der christlichen Bibel** endgültig abgeschlossen.

In den nächsten 1200 Jahren änderte sich an diesem Inhaltsverzeichnis nichts mehr. Als aber Martin Luther im 16. Jh. die Bibel in die deutsche Sprache übersetzte, stellte er fest, dass christliche Bibeln im Alten Testament Bücher enthalten, die im Judentum nicht zur Heiligen Schrift gehören. Diese Bücher nannte er **„Apokryphen"** (das heißt „verborgene Schriften"). Luther hielt sie für weniger wichtig, weshalb sie in Lutherbibeln meistens nicht enthalten sind (wenn doch, dann stehen sie in einem eigenen Abschnitt zwischen dem Alten und dem Neuen Testament).

Die Bibel als Heilige Schrift der Christen umfasst das Alte und Neue Testament.

Die Kanonisierung der Bibel

1. **Beantworte anhand des Textes folgende Fragen. Schreibe ganze Sätze.**
   a) Was versteht man unter der „Kanonisierung" der Bibel?

   ____

   ____

   b) Wann wurde die Kanonisierung des Neuen Testaments abgeschlossen?

   ____

   c) Was hat Luther bei seiner Übersetzung am Inhalt der Bibel verändert?

   ____

   ____

2. **Martin Luther hat ein Gedicht geschrieben, mit dem man sich gut merken kann, welche Bücher in welcher Reihenfolge zur Bibel gehören. Leider sind hier ein paar Wörter verloren gegangen. Kannst du das Gedicht richtig vervollständigen? Du kannst das Inhaltsverzeichnis der Bibel zu Hilfe nehmen, aber achte darauf, dass die Zeilen sich reimen. Manchmal muss dafür ein Name abgekürzt oder etwas umformuliert werden (z.B. „Taten der Apostel" statt „Apostelgeschichte").**

In des alten Bundes Schriften* merke an der ersten Stell:

Mose, **Josua** und **Richter**, **Ruth** und zwei von **Samuel**

Zwei der __________ , __________ , **Esra**, **Nehemia**, __________ mit.

__________ , **Psalter**, dann die **Sprüche**, **Prediger** und __________ ,

Drauf **Jesaja**, __________ , und **Hesekiel**, __________ ,

auch **Hosea**, __________ , **Amos**, nebst __________ , **Jonas** Fehl,

__________ , welchem __________ folget, **Habakuk**, __________ ,

dann __________ und __________ und zuletzt **Malachia**.

In dem Neuen steh'n __________, **Markus**, __________ und __________

Samt den **Taten der Apostel** unter allen vornean.

Dann die __________ , zwei **Korinther**, __________ und **Epheser**,

die __________ und **Kolosser**, beide __________ ,

an __________ und __________, an **Philemon**, __________ zwei,

drei __________ , die **Hebräer**, __________ , __________ Brief dabei.

Endlich schließt die __________ das gesamte Bibelbuch.

Mensch, gebrauche, was du liesest, dir zum Segen, nicht zum Fluch!

* Die Schriften des alten Bundes = Das Alte Testament
(Es berichtet vom „alten Bund" Gottes mit dem Volk Israel, während das Neue Testament von dem „neuen Bund" durch Jesus berichtet.)

Die Kanonisierung der Bibel

STATION **6** Lösungsblatt

1. **Beantworte anhand des Textes folgende Fragen. Schreibe ganze Sätze.**
   a) Was versteht man unter der „Kanonisierung" der Bibel?

   Eine Kanonisierung nennt man den Vorgang, bei dem festgelegt wird, welche Bücher zu einer Heiligen Schrift gehören und welche nicht.

   b) Wann wurde die Kanonisierung des Neuen Testaments abgeschlossen?

   Sie wurde im 4. Jh. n. Chr. abgeschlossen.

   c) Was hat Luther bei seiner Übersetzung am Inhalt der Bibel verändert?

   Er sortierte einige Bücher des Alten Testaments aus, weil sie nicht zur Heiligen Schrift des Judentums gehören.

2. **Martin Luther hat ein Gedicht geschrieben, mit dem man sich gut merken kann, welche Bücher in welcher Reihenfolge zur Bibel gehören. Leider sind hier ein paar Wörter verloren gegangen. Kannst du das Gedicht richtig vervollständigen? Du kannst das Inhaltsverzeichnis der Bibel zu Hilfe nehmen, aber achte darauf, dass die Zeilen sich reimen. Manchmal muss dafür ein Name abgekürzt oder etwas umformuliert werden (z.B. „Taten der Apostel" statt „Apostelgeschichte").**

In des alten Bundes Schriften* merke an der ersten Stell:

Mose, **Josua** und **Richter**, **Ruth** und zwei von **Samuel**

Zwei der *Könige*, *Chronik*, **Esra**, **Nehemia**, *Ester* mit.

Hiob, **Psalter**, dann die **Sprüche**, **Prediger** und *Hoheslied* *(Hohelied des Salomo)*,

Drauf **Jesaja**, *Jeremia*, und **Hesekiel**, *Daniel*,

auch **Hosea**, *Joel*, **Amos**, nebst *Obadja*, **Jonas** Fehl,

Micha, welchem *Nahum* folget, **Habakuk**, *Zefanja*,

dann *Haggai* und *Sacharja* und zuletzt **Malachia**. *(Maleachi)*

In dem Neuen steh'n *Matthäus*, **Markus**, *Lukas* und *Johann* *(Johannes)*

Samt den **Taten der Apostel** *(Apostelgeschichte)* unter allen vornean.

Dann die *Römer*, zwei **Korinther**, *Galater* und **Epheser**,

die *Philipper* und **Kolosser**, beide *Thessalonicher*,

an *Timotheus* und *Titus*, an **Philemon**, *Petrus* zwei,

drei *Johannes* *(Johannesbrief)*, die **Hebräer**, *Jakobus*, *Judas'* Brief dabei.

Endlich schließt die *Offenbarung* das gesamte Bibelbuch.

Mensch, gebrauche, was du liesest, dir zum Segen, nicht zum Fluch!

* *Die Schriften des alten Bundes = Das Alte Testament (Es berichtet vom „alten Bund" Gottes mit dem Volk Israel, während das Neue Testament von dem „neuen Bund" durch Jesus berichtet.)*

Die Kanonisierung der Bibel

Die Kanonisierung der Bibel ist mit einer Bibliothek vergleichbar, deren Sammlung über die Jahre hinweg ergänzt und aussortiert wird.

Die Bibel ist über mehrere Jahrhunderte hinweg entstanden. Immer wieder kamen Geschichten hinzu, die über Gott und die Menschen, die an ihn glauben, berichten. Doch nicht alle Geschichten hielt man für gleichermaßen wichtig. Du kannst dir das **wie eine Bibliothek** vorstellen, in die immer neue Bücher hineingestellt und andere wieder aussortiert werden. Schon im 7. Jh. v. Chr. hatte man begonnen, festzulegen, welche Geschichten für die Juden zur **Heiligen Schrift** gehören sollten. Die fünf Bücher Mose bildeten die jüdische **„Thora"**. Später kamen außerdem nach und nach verschiedene Geschichts- und Prophetenbücher sowie Psalmen hinzu. Nachdem im Jahr 70 n. Chr. der Tempel in Jerusalem erneut zerstört wurde und die Juden in verschiedene Länder flohen, wurde endgültig beschlossen, welche Texte für alle Juden auf der ganzen Welt zur Heiligen Schrift gehören sollten. Im Judentum heißen die zusammengestellten Schriften **„Tenach"**. Sie stimmen weitgehend mit unserem **Alten Testament** überein. Diesen Vorgang, bei dem festgelegt wird, welche Bücher zu einer Heiligen Schrift gehören und welche nicht, nennt man **Kanonisierung**.

Auch das **Neue Testament** mit seinen Geschichten über Jesus und die Apostel und den Briefen aus der Anfangszeit des Christentums hat eine solche Auswahl hinter sich. Im 2. Jh. n. Chr. hatte man sich bereits weitgehend geeinigt, nur über die Bedeutung einzelner Briefe wurde immer noch diskutiert. Erst im 4. Jh. n. Chr. war die **Kanonisierung der christlichen Bibel** endgültig abgeschlossen.

In den nächsten 1200 Jahren änderte sich an diesem Inhaltsverzeichnis nichts mehr. Als aber Martin Luther im 16. Jh. die Bibel in die deutsche Sprache übersetzte, stellte er fest, dass christliche Bibeln im Alten Testament Bücher enthalten, die im Judentum nicht zur Heiligen Schrift gehören. Diese Bücher nannte er **„Apokryphen"** (das heißt „verborgene Schriften"). Luther hielt sie für weniger wichtig, weshalb sie in Lutherbibeln meistens nicht enthalten sind (wenn doch, dann stehen sie in einem eigenen Abschnitt zwischen dem Alten und dem Neuen Testament). In anderen Bibeln, wie z.B. der katholischen Einheitsübersetzung, sind sie grundsätzlich als Teil des Alten Testaments enthalten.

Die Bibel als Heilige Schrift der Christen umfasst das Alte und Neue Testament.

Die Kanonisierung der Bibel

STATION 6 Arbeitsblatt (1/2)

1. **Beantworte anhand des Textes folgende Fragen. Schreibe ganze Sätze.**

   a) Was versteht man unter der „Kanonisierung" der Bibel?

   ____

   ____

   b) Nenne drei wichtige Zeitabschnitte dieser Kanonisierung.

   ____

   ____

   ____

2. **Martin Luther hat ein Gedicht geschrieben, mit dem man sich gut merken kann, welche Bücher in welcher Reihenfolge zur Bibel gehören. Leider sind hier ein paar Wörter verloren gegangen. Kannst du das Gedicht richtig vervollständigen? Du kannst das Inhaltsverzeichnis der Bibel zu Hilfe nehmen, aber achte darauf, dass die Zeilen sich reimen. Manchmal muss dafür ein Name abgekürzt oder etwas umformuliert werden (z.B. „Taten der Apostel" statt „Apostelgeschichte").**

In des alten Bundes Schriften* merke an der ersten Stell:
Mose, **Josua** und **Richter**, **Ruth** und zwei von **Samuel**
Zwei der __________ , __________ , **Esra**, **Nehemia**, __________ mit.
__________ , **Psalter**, dann die **Sprüche**, **Prediger** und __________ ,
Drauf **Jesaja**, __________ , und **Hesekiel**, __________ ,
auch **Hosea**, __________ , **Amos**, nebst __________ , **Jonas** Fehl,
__________ , welchem __________ folget, **Habakuk**, __________ ,
dann __________ und __________ und zuletzt **Malachia**.

In dem Neuen steh'n __________, **Markus**, __________ und __________
Samt den **Taten der Apostel** unter allen vornean.
Dann die __________ , zwei **Korinther**, __________ und **Epheser**,
die __________ und **Kolosser**, beide __________ ,
an __________ und __________, an **Philemon**, __________ zwei,
drei __________ , die **Hebräer**, __________ , __________ Brief dabei.
Endlich schließt die __________ das gesamte Bibelbuch.
Mensch, gebrauche, was du liesest, dir zum Segen, nicht zum Fluch!

** Die Schriften des alten Bundes = Das Alte Testament (Es berichtet vom „alten Bund" Gottes mit dem Volk Israel, während das Neue Testament von dem „neuen Bund" durch Jesus berichtet.)*

Die Kanonisierung der Bibel

3. Im Neuen Testament hätten mehr als vier Evangelien stehen können, doch es wurden nur das Matthäus-, Markus-, Lukas- und Johannesevangelium in den biblischen Kanon aufgenommen. Recherchiere im Internet, warum a) das Thomasevangelium, b) das Kindheitsevangelium des Thomas und c) das Evangelium der Wahrheit „aussortiert" wurden.

   a) ______________________

   b) ______________________

   c) ______________________

4. Recherchiere weiter, und nenne mindestens zwei weitere Evangelien, die nicht in den biblischen Kanon aufgenommen wurden.

   ____

5. Welche weiteren Gründe, die dazu führen konnten, dass eine Schrift nicht in den biblischen Kanon aufgenommen wurde, kannst du dir vorstellen? Notiere deine Vermutungen.

   ____

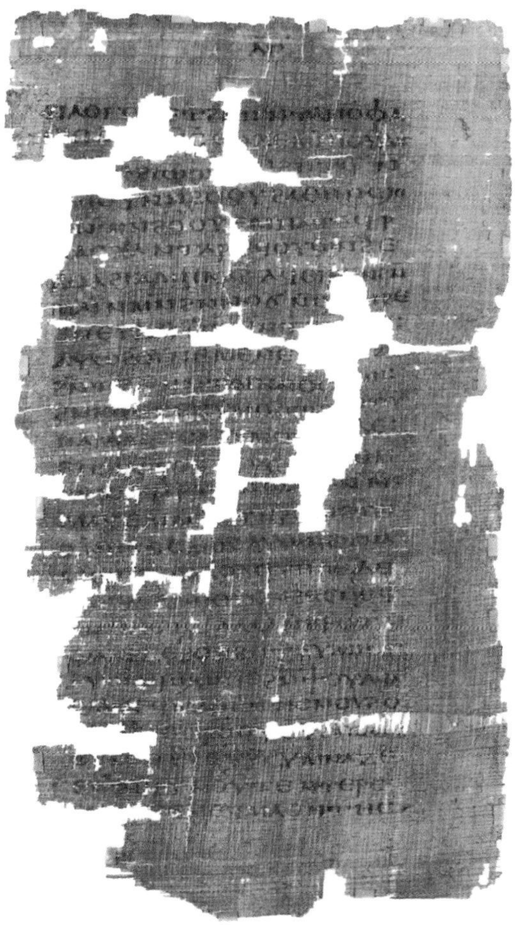

Erste Seite des Judasevangeliums – der Text wurde ursprünglich vermutlich auf Griechisch verfasst, hier ist jedoch eine koptische Abschrift zu sehen (eine frühe ägyptische Sprache).

Die Kanonisierung der Bibel

1. Beantworte anhand des Textes folgende Fragen. Schreibe ganze Sätze.

   a) Was versteht man unter der „Kanonisierung" der Bibel?

   Unter der „Kanonisierung" der Bibel versteht man den Prozess der Festlegung, welche Schriften in die Bibel aufgenommen werden und welche nicht.

   b) Nenne drei wichtige Zeitabschnitte dieser Kanonisierung.

   Die drei wichtigsten Phasen sind:
   - Zwischen dem 7. Jh. v. Chr. und dem 1. Jh. n. Chr. wurde das Alte Testament kanonisiert.
   - Bis zum 4. Jh. n. Chr. wurde das Neue Testament kanonisiert.
   - Luther sortiert im 16. Jh. n.Chr. noch einige alttestamentliche Bücher aus (die Apokryphen), weil sie nicht zum ursprünglichen Kanon der jüdischen Heiligen Schriften gehörten.

2. Martin Luther hat ein Gedicht geschrieben, mit dem man sich gut merken kann, welche Bücher in welcher Reihenfolge zur Bibel gehören. Leider sind hier ein paar Wörter verloren gegangen. Kannst du das Gedicht richtig vervollständigen?

In des alten Bundes Schriften* merke an der ersten Stell:

Mose, Josua und Richter, Ruth und zwei von Samuel

Zwei der Könige, Chronik, Esra, Nehemia, Ester mit.

Hiob, Psalter, dann die Sprüche, Prediger und Hoheslied (Hohelied des Salomo),

Drauf Jesaja, Jeremia, und Hesekiel, Daniel,

auch Hosea, Joel, Amos, nebst Obadja, Jonas Fehl,

Micha, welchem Nahum folget, Habakuk, Zefanja,

dann Haggai und Sacharja und zuletzt Malachia (Maleachi).

In dem Neuen steh'n Matthäus, Markus, Lukas und Johann (Johannes)

Samt den Taten der Apostel (Apostelgeschichte) unter allen vornean.

Dann die Römer, zwei Korinther, Galater und Epheser,

die Philipper und Kolosser, beide Thessalonicher,

an Timotheus und Titus, an Philemon, Petrus zwei,

drei Johannes (Johannesbrief), die Hebräer, Jakobus, Judas' Brief dabei.

Endlich schließt die Offenbarung das gesamte Bibelbuch.

Mensch, gebrauche, was du liesest, dir zum Segen, nicht zum Fluch!

* Die Schriften des alten Bundes = Das Alte Testament (Es berichtet vom „alten Bund" Gottes mit dem Volk Israel, während das Neue Testament von dem „neuen Bund" durch Jesus berichtet.)

Die Kanonisierung der Bibel

3. Im Neuen Testament hätten mehr als vier Evangelien stehen können, doch es wurden nur das Matthäus-, Markus-, Lukas- und Johannesevangelium in den biblischen Kanon aufgenommen. Recherchiere im Internet, warum a) das Thomasevangelium, b) das Kindheitsevangelium des Thomas und c) das Evangelium der Wahrheit „aussortiert" wurden.

   a) Das Thomasevangelium enthält keine Passions- und Auferstehungsgeschichte und ist somit kein vollständiges Evangelium. Es besteht aus Jesusworten, die teilweise ohne Zusammenhang aneinandergereiht wurden.

   b) Das Kindheitsevangelium des Thomas enthält – wie der Name schon sagt – nur Berichte über die Kindheit Jesu. Seine erheblich wichtigere Zeit als Wanderprediger und die Passionsgeschichte fehlen völlig.

   c) Das Evangelium der Wahrheit ist kein Evangelium, das direkt von Jesu Leben berichtet, sondern eher eine Art Predigt (das Wort „Evangelium" ist hier nur in seiner ursprünglichen Bedeutung als „frohe Botschaft" gemeint).

4. Recherchiere weiter, und nenne mindestens zwei weitere Evangelien, die nicht in den biblischen Kanon aufgenommen wurden.

   Hier sind verschiedene Antworten möglich, z.B.: Petrusevangelium, Bartholomäusevangelium, Judasevangelium, Evangelium der Maria, Hebräerevangelium ...

5. Welche weiteren Gründe, die dazu führen konnten, dass eine Schrift nicht in den biblischen Kanon aufgenommen wurde, kannst du dir vorstellen? Notiere deine Vermutungen.

   Mögliche Gründe sind:

   _die Quelle scheint unzuverlässig (man ist sich nicht sicher, ob der Text wirklich stimmt oder ob ihn jemand frei erfunden hat)

   _der Text steht im Widerspruch zu anderen anerkannten Texten oder einer vorherrschenden Meinung

   _der Text ist nur unvollständig vorhanden oder zu unbekannt

   _der Text erscheint nicht wichtig genug

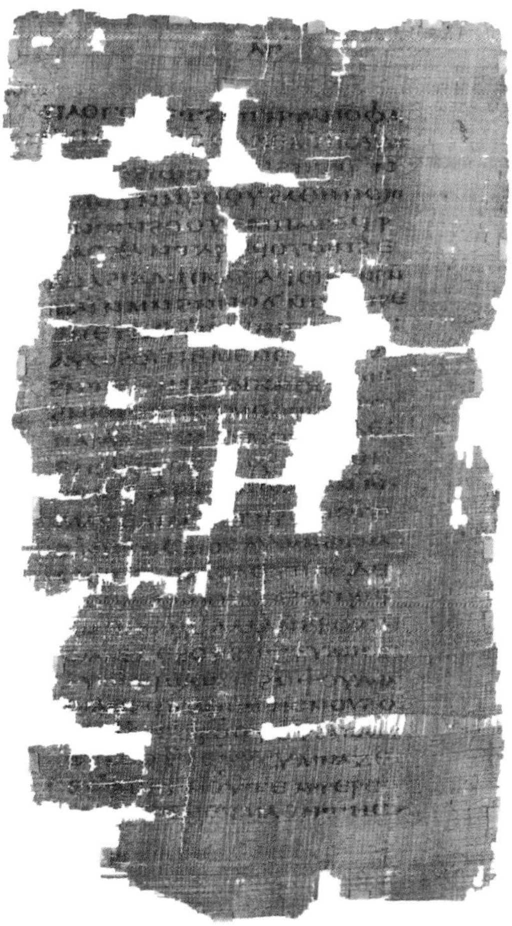

Erste Seite des Judasevangeliums – der Text wurde ursprünglich vermutlich auf Griechisch verfasst, hier ist jedoch eine koptische Abschrift zu sehen (eine frühe ägyptische Sprache).

Die Erfindung des Buchdrucks

Mönch in einer mittelalterlichen Schreibstube

Bis zum 15. Jh. n. Chr. wurden Bücher **mit der Hand abgeschrieben**, um sie zu vervielfältigen und zu verbreiten. Viele Klöster verdienten ihr Geld damit, dass in großen **Schreibstuben** Bücher diktiert und so von mehreren Mönchen gleichzeitig aufgeschrieben wurden. Gerade bei der Bibel – dem wichtigsten Buch dieser Zeit – legte man eine besondere Sorgfalt an den Tag. So entstanden wunderschöne Bibelhandschriften mit reichhaltigen Verzierungen. Leider **konnte sich kaum jemand eine solche Bibel leisten**, denn das Abschreiben mit der Hand dauerte sehr lange, und dementsprechend kostete eine Bibel so viel wie ein Haus.

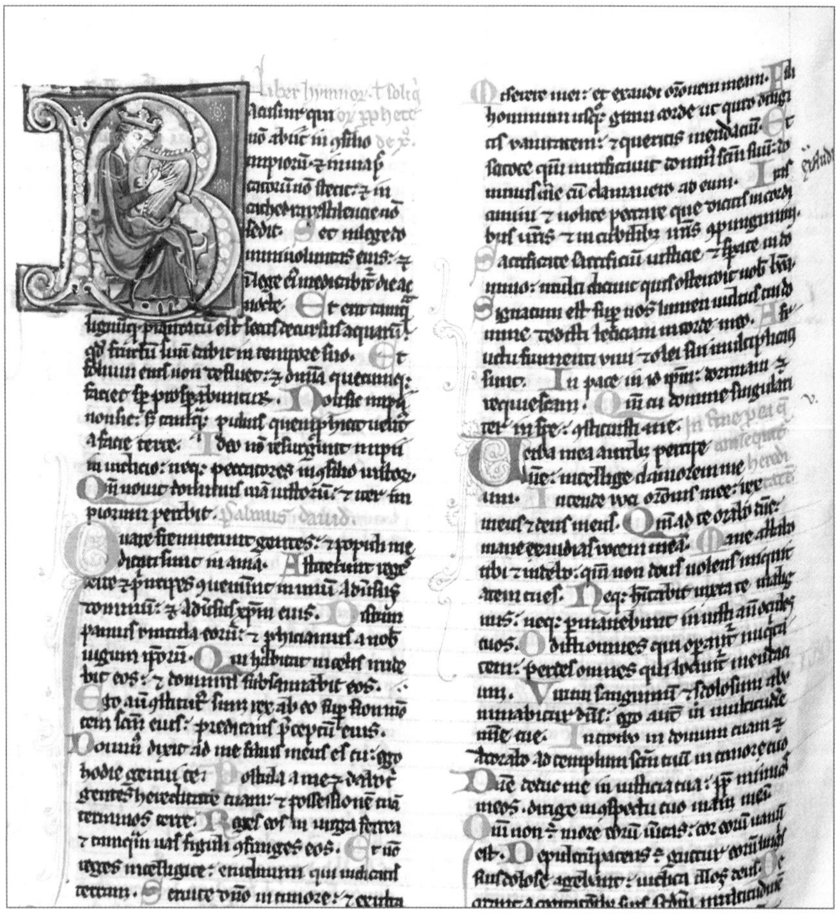

Bibelhandschrift aus dem 13. Jh. –
das Bild zeigt König David mit seiner Harfe.

Die Erfindung des Buchdrucks

Eine weitere Möglichkeit, Bücher zu vervielfältigen, war eine **frühe Form des Buchdrucks**. Hierbei wurde jeweils der Text einer ganzen Seite **spiegelverkehrt aus Buchenholz geschnitzt** und die so entstandene Platte wie ein Stempel verwendet. Für jede Seite musste aber eine neue Platte geschnitzt werden, die außerdem nur etwa 300 Drucke lang hielt – dann war das Holz abgenutzt und von der Farbe aufgeweicht.

Johannes Gutenberg

Um 1450 fand der Goldschmied **Johannes Gutenberg** aus Mainz schließlich einen Weg, diese Art des Buchdrucks wesentlich zu verbessern. Er fertigte **einzelne Buchstaben aus Metall** an, die man je nach Bedarf in einen Rahmen einsetzen und **immer wieder verwenden** konnte. Das erste Buch, das auf diese Weise gedruckt wurde, war eine Bibel.

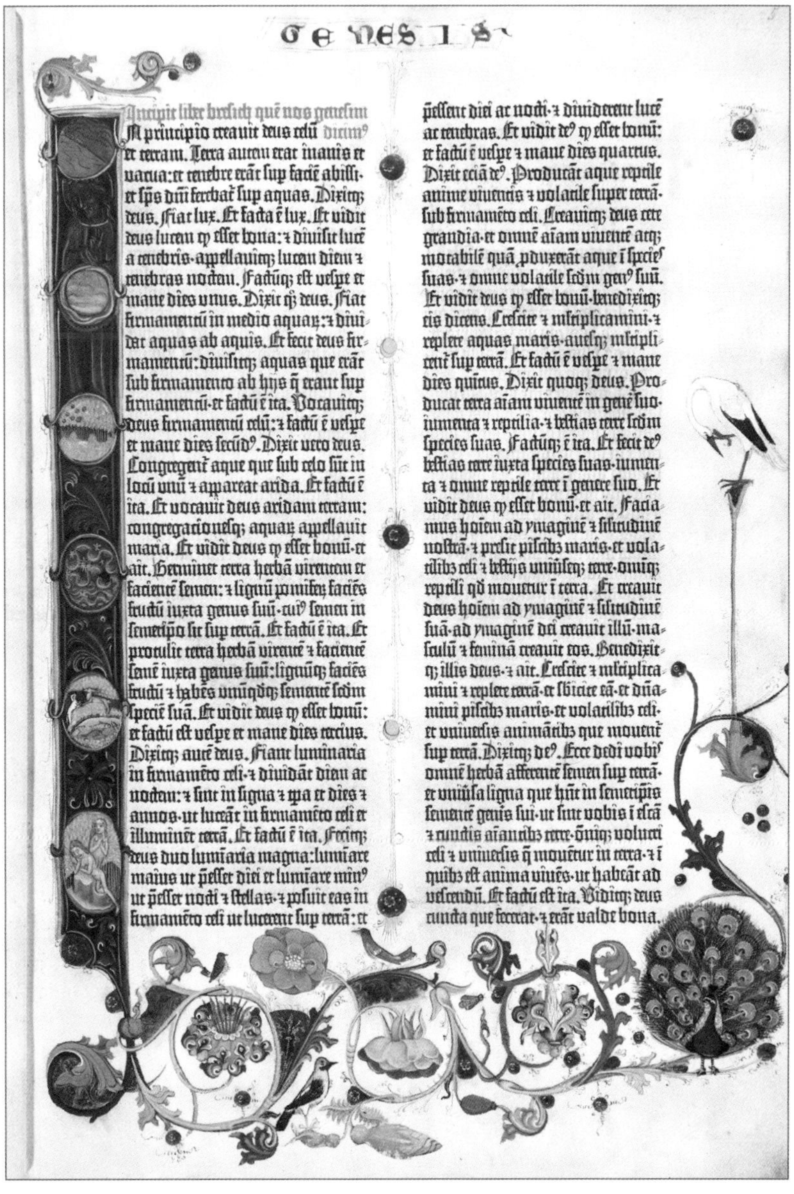

Seite aus der gedruckten Gutenberg-Bibel – auch diese Bibeln waren aufwändig verziert, da Gutenberg zeigen wollte, dass seine gedruckten Bibeln genauso schön sein können wie die handschriftlichen Exemplare.

Die Erfindung des Buchdrucks

1. **Beantworte anhand des Textes die folgenden Fragen. Schreibe in ganzen Sätzen.**

   a) Wie wurden bis zum 15. Jh. Bücher meistens vervielfältigt?

   ____

   ____

   b) Wie viele Seiten konnte man mit einer geschnitzten Holzplatte drucken? Warum waren mehr nicht möglich?

   ____

   ____

   c) Was hat Johannes Gutenberg genau erfunden?

   ____

   ____

   ____

   ____

2. **Vergleiche die zwei Methoden nun selbst miteinander! Suche dir dazu am besten einen Partner.**

   a) Sucht euch einen Vers aus der Bibel aus, der euch gut gefällt, und schreibt ihn in Schönschrift auf einen Extra-Zettel. Gestaltet die Seite danach wie eine alte Bibelhandschrift möglichst hübsch mit Verzierungen.

   b) An der Station liegt ein Stempel, in den man einzelne Buchstaben setzen kann. Setzt den Vers, den ihr euch ausgesucht habt, in den Stempel ein, und druckt ihn auf einen weiteren Extra-Zettel. Achtet darauf, dass ihr die Buchstaben spiegelverkehrt einsetzen müsst!

Achtung:

Denkt daran, die Buchstaben hinterher wieder aus dem Stempel herauszunehmen und in den Setzkasten zu legen, damit nichts verloren geht und die nächsten Schüler gleich loslegen können.

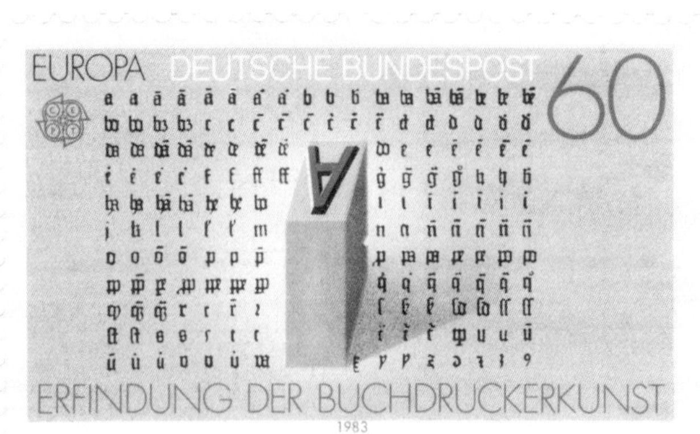

In Gedenken an die wichtige Erfindung des Buchdrucks ließ die Deutsche Bundespost im Jahr 1983 diese Briefmarke drucken.

Die Erfindung des Buchdrucks

Lösungsblatt **7 STATION**

1. Beantworte anhand des Textes die folgenden Fragen. Schreibe in ganzen Sätzen.

   a) Wie wurden bis zum 15. Jh. Bücher meistens vervielfältigt?

   Man schrieb sie mit der Hand ab. Oft wurde der Text mehreren Schreibern gleichzeitig diktiert, um möglichst schnell mehrere Exemplare von einer Vorlage zu erhalten.

   b) Wie viele Seiten konnte man mit einer geschnitzten Holzplatte drucken? Warum waren mehr nicht möglich?

   Mit einer Platte konnte etwa 300-mal die gleiche Seite gedruckt werden. Danach war das Holz zu abgenutzt und aufgeweicht, um weitere Seiten damit anzufertigen.

   c) Was hat Johannes Gutenberg genau erfunden?

   Johannes Gutenberg hat das bereits bekannte Verfahren des Drucks mit geschnitzten Holzplatten verbessert, indem er einzelne, wiederverwendbare Metallbuchstaben anfertigte, die für jede Seite neu zusammengesetzt und beliebig oft verwendet werden konnten.

2. Vergleiche die zwei Methoden nun selbst miteinander! Suche dir dazu am besten einen Partner.

   a) Sucht euch einen Vers aus der Bibel aus, der euch gut gefällt, und schreibt ihn in Schönschrift auf einen Extra-Zettel. Gestaltet die Seite danach wie eine alte Bibelhandschrift möglichst hübsch mit Verzierungen.

   b) An der Station liegt ein Stempel, in den man einzelne Buchstaben setzen kann. Setzt den Vers, den ihr euch ausgesucht habt, in den Stempel ein, und druckt ihn auf einen weiteren Extra-Zettel. Achtet darauf, dass ihr die Buchstaben spiegelverkehrt einsetzen müsst!

   = individuelle Lösung

Die Erfindung des Buchdrucks

STATION 7 Infoblatt

Mönch in einer mittelalterlichen Schreibstube

Bis zum 15. Jh. n. Chr. wurden Bücher **mit der Hand abgeschrieben**, um sie zu vervielfältigen und zu verbreiten. Viele Klöster verdienten ihren Unterhalt damit, dass in großen **Schreibstuben** Bücher diktiert und so von mehreren Mönchen gleichzeitig aufgeschrieben wurden. Gerade bei der Bibel – dem wichtigsten Buch dieser Zeit – legte man eine besondere Sorgfalt an den Tag. Auf diese Weise entstanden **wunderschöne Bibelhandschriften** mit reichhaltigen Verzierungen. Da das Abschreiben mit der Hand jedoch sehr lange dauerte, waren Bücher **unermesslich teuer**, sodass sich kaum jemand eine solche Bibel leisten konnte.

Eine weitere Möglichkeit, Bücher zu vervielfältigen, war eine **frühe Form des Buchdrucks**. Hierbei wurde jeweils der Text einer ganzen Seite **spiegelverkehrt aus Buchenholz geschnitzt** und die so entstandene Platte wie ein Stempel verwendet. Für jede Seite musste aber eine neue Platte geschnitzt werden, die außerdem nur etwa 300 Drucke lang hielt – dann war das Holz abgenutzt und von der Farbe aufgeweicht. Außerdem war die Herstellung natürlich **sehr aufwändig** – ein falscher Schnitt, und die Platte war unter Umständen schon unbrauchbar.

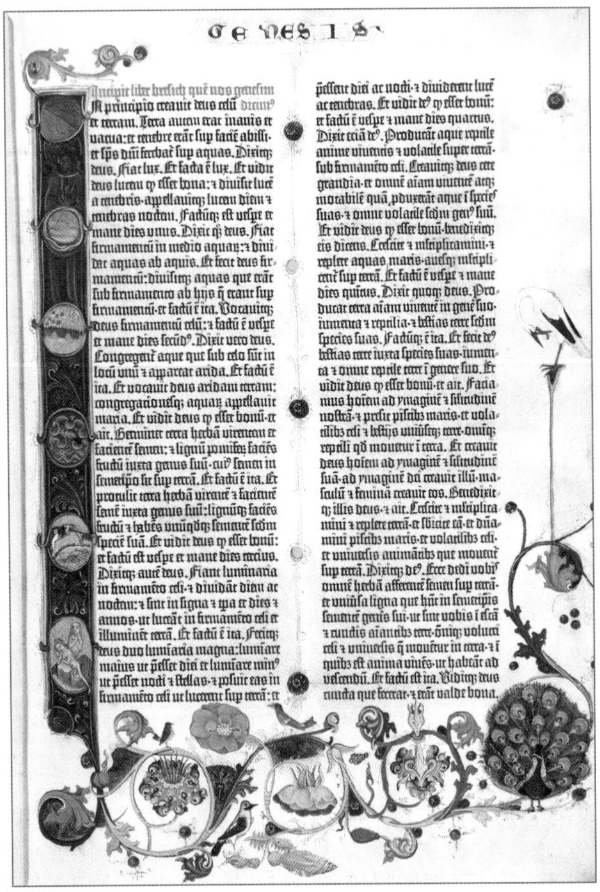

Seite aus der gedruckten Gutenberg-Bibel

Um 1450 fand der Goldschmied **Johannes Gutenberg** aus Mainz schließlich einen Weg, diese Art des Buchdrucks wesentlich zu verbessern. Er fertigte **einzelne Buchstaben aus Metall** an, die man je nach Bedarf in einen Rahmen einsetzen konnte. Das Metall hielt natürlich viel länger als das Buchenholz, und dadurch, dass Gutenberg keine ganze Seite, sondern einzelne Buchstaben anfertigte, konnte er dieselben Buchstaben für eine andere Seite neu zusammenstellen und **wiederverwenden**.
Das erste Buch, das auf diese Weise gedruckt wurde, war eine Bibel.

Johannes Gutenberg

Die Erfindung des Buchdrucks

1. **Beantworte anhand des Textes die folgenden Fragen. Schreibe in ganzen Sätzen.**

   a) Welche Methoden, Bücher zu vervielfältigen, gab es bis zum 15. Jh.?
   Welche Schwierigkeiten traten dabei auf?

   b) Was hat Johannes Gutenberg genau erfunden?

2. **Vergleiche die drei Methoden nun selbst miteinander. Am besten suchst du dir dafür einen Partner, oder ihr arbeitet in Kleingruppen zusammen und teilt euch die Methoden auf.**

   a) Schreibe jeweils ein Wort (z.B. euren Namen oder „Bibel") mit den im Kasten beschriebenen Methoden, und stoppe dabei die Zeit, die ihr für die Vorbereitungen und für die Ausführung braucht.

   b) Berechne mit Hilfe der notierten Zeiten für jede Methode, wie lange du für 300 Exemplare brauchen würdest. Denk bei der Berechnung daran, dass die Vorbereitung bei 300 Exemplaren nur einmal nötig ist!

> 1. Methode → Abschreiben mit der Hand:
> Schreibe das Wort in Schönschrift auf ein Blatt Papier.
> 2. Methode → Drucken mit geschnitzten Platten:
> An der Station liegen Linolplatten und Werkzeug. Schnitze das Wort in die Platte ein, und benutze sie anschließend als Stempel. Bedenke dabei, dass die Schrift auf der Platte spiegelverkehrt sein muss. Am einfachsten ist es, wenn du das Wort erst auf die Platte schreibst und dann entlang der Linien schnitzt.
> 3. Methode → Drucken mit beweglichen Buchstaben:
> An der Station liegt ein Stempel, in den man Buchstaben einsetzen kann.
> Setze das Wort (ebenfalls spiegelverkehrt) zusammen, und drucke es auf ein Blatt Papier.

3. **Schreibe für jede der drei Methoden die Vor- und Nachteile auf.
Lege dazu auf einem Extra-Zettel oder in deinem Heft eine Tabelle an, und fülle sie aus.**

Die Erfindung des Buchdrucks

STATION 7 Lösungsblatt

1. Beantworte anhand des Textes die folgenden Fragen. Schreibe in ganzen Sätzen.

   a) Welche Methoden, Bücher zu vervielfältigen, gab es bis zum 15. Jh.? Welche Schwierigkeiten traten dabei auf?

   Die Bücher wurden damals entweder mit der Hand abgeschrieben, wobei der Text oft mehreren Schreibern gleichzeitig diktiert wurde, oder man benutzte geschnitzte Holzplatten, die wie ein Stempel funktionierten. Beide Methoden waren sehr zeitaufwändig, und die Holzplatten hielten nur ca. 300 Drucke lang, bis sie aufgeweicht und unbrauchbar wurden.

   b) Was hat Johannes Gutenberg genau erfunden?

   Johannes Gutenberg hat das bereits bekannte Verfahren des Drucks mit geschnitzten Holzplatten verbessert, indem er einzelne, wiederverwendbare Metallbuchstaben anfertigte, die für jede Seite neu zusammengesetzt und beliebig oft verwendet werden konnten.

2. Vergleiche die drei Methoden nun selbst miteinander. Am besten suchst du dir dafür einen Partner, oder ihr arbeitet in Kleingruppen zusammen und teilt euch die Methoden auf.

   = individuelle Lösung

3. Schreibe für jede der drei Methoden die Vor- und Nachteile auf. Lege dazu auf einem Extra-Zettel oder in deinem Heft eine Tabelle an, und fülle sie aus.

	Vorteile	Nachteile
1. Abschreiben mit der Hand	– *kann sehr schön aussehen* – *war lange Zeit die einzige Möglichkeit, Bücher zu vervielfältigen*	– *enorm großer Zeitaufwand für jedes einzelne Exemplar*
2. Drucken mit geschnitzten Platten	– *wenn die Platten einmal hergestellt sind, können schnell viele Exemplare gedruckt werden*	– *das Schnitzen der Platten ist sehr aufwändig* – *nach etwa 300 Drucken müssen neue Platten hergestellt werden*
3. Drucken mit beweglichen Buchstaben	– *wesentlich schneller als die anderen beiden Methoden* – *die Buchstaben können beliebig oft wiederverwendet werden*	*keine*

Luther übersetzt die Bibel ins Deutsche

Im Mittelalter wurde in Europa in den Kirchen nur Lateinisch gesprochen, und auch **die Bibel gab es nur auf Latein**. Die Priester und andere Gelehrte, die studiert hatten, konnten diese Sprache selbstverständlich verstehen und sprechen. Das war damals genauso wichtig, wie heute Englisch sprechen zu können. Doch die meisten Menschen konnten es sich gar nicht leisten, ihre Kinder zur Schule oder gar zur Universität zu schicken, denn das kostete viel Geld. Deshalb konnte die große Mehrheit des Volkes nicht selbst die Bibel lesen, sondern hörte nur, was die Priester vorlasen und predigten.

Die Priester erzählten den Leuten, Gott würde die Menschen für jeden Fehler streng bestrafen, sodass die Menschen Angst hatten, nach ihrem Tod in die Hölle zu kommen. Viele von ihnen versuchten daher, dieser Strafe Gottes durch Geldspenden an die Kirche oder durch Wallfahrten (also Reisen an heilige Orte) zu entkommen.

Einem Mann in Deutschland namens **Martin Luther** (1483–1546) war es ganz ähnlich gegangen. Er fürchtete sich vor Gott und hoffte, dass er weniger Strafe zu erwarten hätte, wenn er als Mönch ins Kloster ginge. Dort bekam er zum ersten Mal die Gelegenheit, selbst in der Bibel zu lesen, und erkannte, dass Gott die Menschen liebt, wenn sie nur richtig an ihn glauben, und dass er auch verzeihen kann.

Martin Luther-Denkmal in Worms

Luther überlegte sich: „Wenn jeder die Bibel selbst lesen könnte, dann hätten die Menschen viel weniger Angst vor Gott." Deswegen begann er, die **Bibel in die deutsche Sprache zu übersetzen**.

Doch solch eine Übersetzung ist gar nicht so einfach – du kennst das sicher aus dem Englischunterricht! Luther gab sich viel Mühe, immer die richtigen Worte zu finden und die Geschichten so zu übersetzen, dass es auch jeder verstehen konnte. Da auch die lateinische Bibel bereits eine Übersetzung aus dem griechischen und hebräischen Originaltext ist, lernte Luther auch diese beiden Sprachen – es wäre ja möglich, dass bereits beim Übersetzen ins Lateinische Fehler passiert waren. Deswegen wollte er **lieber den Originaltext** verwenden. Außerdem musste er sich an vielen Stellen zwischen einer wörtlichen und einer sinngemäßen Übersetzung entscheiden. Bei einer **wörtlichen Übersetzung** achtet man darauf, dass jedes einzelne Wort mit dem Originaltext übereinstimmt. Bei einer **sinngemäßen Übersetzung** ist der Inhalt wichtiger, auch wenn einige Wörter anders übersetzt oder umschrieben werden.

Luther arbeitete mehrere Jahre an seiner Übersetzung. Im Jahr 1520 fing er an, und im Jahr 1534 hatte er es schließlich geschafft, sowohl das Alte als auch das Neue Testament vollständig zu übersetzen.

Luther übersetzt die Bibel ins Deutsche

STATION **8** Arbeitsblatt (1/2)

1. Beantworte anhand des Textes die folgenden Fragen. Schreibe in ganzen Sätzen.

   a) Wovor hatten die Menschen im Mittelalter besonders viel Angst?

   ____

   ____

   b) Warum konnten sie nicht selbst nachlesen, ob das, was die Priester erzählten, wirklich stimmte?

   ____

   ____

   ____

   c) Warum entschied sich Martin Luther dazu, die Bibel ins Deutsche zu übersetzen?

   ____

   ____

2. Im Text sind zwei Möglichkeiten geschildert, wie man einen Text übersetzen kann. Besonders bei Sprichwörtern (die auch in der Bibel vorkommen) ist allerdings nur einer dieser beiden Wege sinnvoll. Welcher ist es? Begründe deine Entscheidung.

____

____

____

____

____

____

____

Tipp:

Versuche einmal, ein beliebiges Sprichwort auf beide Arten ins Englische zu übersetzen!

Für eine gute Übersetzung muss man oft in mehrere Wörterbücher schauen.

Luther übersetzt die Bibel ins Deutsche

Arbeitsblatt (2/2)

8 STATION

3. Seit Luther die Bibel übersetzt hat, sind fast 500 Jahre vergangen.
   Heute würde man manches ganz anders ausdrücken.
   In der Tabelle siehst du drei Verse aus der Bibel, die zwei verschiedene Menschen in ihre Umgangssprache übersetzt haben. Schneide die Sätze unten aus, und klebe sie an den richtigen Stellen in die Tabelle!

Luther:	Ein Gerechter fällt siebenmal und steht wieder auf, aber die Gottlosen versinken im Unglück. (Sprüche Kapitel 24, Vers 16)	Der Mensch lebt nicht vom Brot allein. (Matthäus Kapitel 4, Vers 4)	Weh dem, der allein ist, wenn er fällt. (Prediger Kapitel 4, Vers 10)
Svenja, 13 Jahre, Schülerin:			
Michael, 40 Jahre, Manager:			

In meinem Job verdiene ich sehr gut. Aber meine Familie ist mir wichtiger als die Arbeit.	Allein lassen sich viele Probleme nicht lösen, da bin ich froh, dass ich ein gutes Team um mich habe.	Was nützt es, Inlineskater und tolle Computerspiele zu haben, wenn niemand Zeit hat, das alles mit mir zusammen auszuprobieren?
Ohne Freunde, die mich aufbauen, wenn es mir schlecht geht, würde ich gar nicht klarkommen.	Lisa schreibt immer ab, weil sie nie lernt, und bekommt bessere Noten als ich. Aber irgendwann fällt sie damit auf die Nase und bekommt keine Ausbildungsstelle.	Ehrlichkeit zahlt sich doch aus, irgendwann bekommt jeder, was er verdient.

Luther übersetzt die Bibel ins Deutsche

1. **Beantworte anhand des Textes die folgenden Fragen. Schreibe in ganzen Sätzen.**
   a) Wovor hatten die Menschen im Mittelalter besonders viel Angst?

   Sie hatten Angst, dass Gott sie für ihre Sünden bestraft und dass sie nach dem Tod in die Hölle kommen würden.

   b) Warum konnten sie nicht selbst nachlesen, ob das, was die Priester erzählten, wirklich stimmte?

   Es gab nur Bibeln auf Latein, und die Kosten für die höhere Schule oder die Universität, wo man die Sprache hätte lernen können, waren zu hoch.

   c) Warum entschied sich Martin Luther dazu, die Bibel ins Deutsche zu übersetzen?

   Er wollte, dass die Menschen selbst nachlesen können, dass Gott sie liebt, damit sie keine Angst mehr vor ihm haben.

2. **Im Text sind zwei Möglichkeiten geschildert, wie man einen Text übersetzen kann. Besonders bei Sprichwörtern (die auch in der Bibel vorkommen) ist allerdings nur einer dieser beiden Wege sinnvoll. Welcher ist es? Begründe deine Entscheidung.**

   Sprichwörter sollten unbedingt sinngemäß übersetzt werden, da die unterschiedlichen Sprachen oft mit ganz verschiedenen Wörtern denselben Inhalt ausdrücken. (Z.B. heißt „Alles zu seiner Zeit" auf Englisch „Don't cross a bridge till you come to it." – „Überquere keine Brücke, bevor du dort bist".)

3. Seit Luther die Bibel übersetzt hat, sind fast 500 Jahre vergangen. Heute würde man manches ganz anders ausdrücken.

Luther:	**Ein Gerechter fällt siebenmal und steht wieder auf, aber die Gottlosen versinken im Unglück.** (Sprüche Kapitel 24, Vers 16)	**Der Mensch lebt nicht vom Brot allein.** (Matthäus Kapitel 4, Vers 4)	**Weh dem, der allein ist, wenn er fällt.** (Prediger Kapitel 4, Vers 10)
Svenja, 13 Jahre, Schülerin:	Lisa schreibt immer ab, weil sie nie lernt, und bekommt bessere Noten als ich. Aber irgendwann fällt sie damit auf die Nase und bekommt keine Ausbildungsstelle.	Was nützt es, Inlineskater und tolle Computerspiele zu haben, wenn niemand Zeit hat, das alles mit mir zusammen auszuprobieren?	Ohne Freunde, die mich aufbauen, wenn es mir schlecht geht, würde ich gar nicht klarkommen.
Michael, 40 Jahre, Manager:	Ehrlichkeit zahlt sich doch aus, irgendwann bekommt jeder, was er verdient.	In meinem Job verdiene ich sehr gut. Aber meine Familie ist mir wichtiger als die Arbeit.	Allein lassen sich viele Probleme nicht lösen, da bin ich froh, dass ich ein gutes Team um mich habe.

Luther übersetzt die Bibel ins Deutsche

Im Mittelalter spielte die Kirche eine wesentlich größere Rolle in der Gesellschaft als heute. Die meisten Menschen gingen jeden Sonntag zur Kirche, manche sogar noch häufiger. Was die Priester dort erzählten, war jedoch zum Teil beängstigend: Sie behaupteten, Gott würde die Menschen für jeden Fehler streng bestrafen, sodass die Leute fürchterliche Angst hatten, nach ihrem Tod in die Hölle oder ins Fegefeuer zu kommen. Viele Menschen versuchten daher, dieser Strafe Gottes durch großzügige Geldspenden an die Kirche, durch den Kauf von Ablassbriefen oder durch Wallfahrten zu entkommen.

Einem jungen Jura-Studenten namens **Martin Luther** (1483–1546) war es ähnlich gegangen. Er fürchtete sich vor Gott und hoffte, dass er weniger Strafe zu erwarten hätte, wenn er ins Kloster ginge. Dort bekam er zum ersten Mal die Gelegenheit, selbst in der Bibel zu lesen, und war überrascht, als er dort las, dass Gott die Menschen liebt, wenn sie nur richtig an ihn glauben, und dass er auch verzeihen kann.

Allerdings gab es die **Bibel damals nur auf Latein**. Diese Sprache war zwar zu der Zeit unter Gelehrten ähnlich verbreitet wie heute Englisch, doch nur reiche Familien konnten es sich leisten, ihre Kinder zur Schule oder gar zur Universität zu schicken, wo sie diese Sprache hätten lernen können. Die ärmeren Menschen konnten meistens kaum lesen, und schon gar keine Fremdsprache. Deshalb konnte die große Mehrheit des Volkes nicht selbst in der Bibel lesen, sondern hörte nur, was die Priester vorlasen und predigten.

Luther überlegte sich darum, dass die Menschen viel weniger Angst vor Gott hätten, wenn jeder die Bibel selbst lesen und verstehen könnte, und begann, sie **in die deutsche Sprache zu übersetzen**. Er arbeitete mehrere Jahre an seiner Übersetzung. Im Jahr 1520 fing er an, und im Jahr 1534 hatte er es schließlich geschafft, sowohl das Alte als auch das Neue Testament vollständig zu übersetzen. Die meisten Menschen waren begeistert, endlich nachlesen zu können, worüber die Priester sprachen. Die Kirche war allerdings weniger glücklich darüber …

Martin Luther-Denkmal in Worms

Luther übersetzt die Bibel ins Deutsche

1. Beantworte anhand des Textes: Warum, denkst du, war die Kirche über Luthers Bibelübersetzung nicht glücklich? Schreibe in ganzen Sätzen.

2. Recherchiere im Internet oder in einem Bibellexikon: Informiere dich über die 95 Thesen, die Luther verfasste. Worum geht es dabei?

3. Luther musste sich beim Übersetzen der Bibel häufig zwischen einer wörtlichen und einer sinngemäßen Übersetzung entscheiden.

   a) Kannst du dir vorstellen, was der Unterschied zwischen diesen beiden Möglichkeiten ist? Beschreibe ihn mit deinen eigenen Worten.

   b) Besonders bei Sprichwörtern (die auch in der Bibel vorkommen) ist nur einer dieser beiden Wege sinnvoll. Welcher ist es? Begründe deine Entscheidung.

4. Luther gab sich bei seiner Übersetzung Mühe, „dem Volk aufs Maul zu schauen". Was könnte er damit gemeint haben?

5. Luther lernte für die Übersetzung neben Latein auch noch Hebräisch und Griechisch, da die Bibel ursprünglich in diesen Sprachen geschrieben worden war. Warum war es ihm wichtig, den Originaltext lesen zu können?

Luther übersetzt die Bibel ins Deutsche

6. Seit Luthers Übersetzung sind fast 500 Jahre vergangen. Würde man heute „dem Volk aufs Maul schauen", käme wohl eine ganz andere Übersetzung zu Stande.

   a) In der Tabelle siehst du drei Verse aus der Bibel, die zwei verschiedene Menschen in ihre Umgangssprache übersetzt haben. Schneide die Sätze unten aus, und klebe sie an den richtigen Stellen in die Tabelle!

Luther:	**Ein Gerechter fällt siebenmal und steht wieder auf, aber die Gottlosen versinken im Unglück.** (Sprüche Kapitel 24, Vers 16)	**Der Mensch lebt nicht vom Brot allein.** (Matthäus Kapitel 4, Vers 4)	**Weh dem, der allein ist, wenn er fällt.** (Prediger Kapitel 4, Vers 10)
Svenja, 13 Jahre, Schülerin:			
Michael, 40 Jahre, Manager:			

In meinem Job verdiene ich sehr gut. Aber meine Familie ist mir wichtiger als die Arbeit.	Allein lassen sich viele Probleme nicht lösen, da bin ich froh, dass ich ein gutes Team um mich habe.	Was nützt es, Inlineskater und tolle Computerspiele zu haben, wenn niemand Zeit hat, das alles mit mir zusammen auszuprobieren?
Ohne Freunde, die mich aufbauen, wenn es mir schlecht geht, würde ich gar nicht klarkommen.	Lisa schreibt immer ab, weil sie nie lernt, und bekommt bessere Noten als ich. Aber irgendwann fällt sie damit auf die Nase und bekommt keine Ausbildungsstelle.	Ehrlichkeit zahlt sich doch aus, irgendwann bekommt jeder, was er verdient.

   b) Formuliere selbst eine Übersetzung dieser drei Bibelverse! Wie würdest du den Inhalt ausdrücken?

Luther übersetzt die Bibel ins Deutsche

STATION **8** Lösungsblatt (1/2)

1. Beantworte anhand des Textes: Warum, denkst du, war die Kirche über Luthers Bibelübersetzung nicht glücklich? Schreibe in ganzen Sätzen.

   Die Kirche verdiente an der Angst der Menschen vor der Hölle und dem Fegefeuer sehr gut, z.B. durch den Verkauf von Ablassbriefen, mit denen man sich von seinen Sünden „freikaufen" konnte. Diese Geldquelle drohte nun, zu versiegen.

2. Recherchiere im Internet oder in einem Bibellexikon: Informiere dich über die 95 Thesen, die Luther verfasste. Worum geht es dabei?

   Die 95 Thesen waren Überlegungen Luthers, die er der Kirche zur Diskussion stellen wollte. Hauptsächlich drehten sich diese Thesen um die von der Kirche geschürte Angst vor göttlicher Strafe und den darauf basierenden Ablasshandel. Luther schickte seine 95 Thesen im Jahr 1517 zuerst an Albrecht von Brandenburg, den damaligen Erzbischof seiner Heimat. Als dieser sich nicht dazu äußerte, verteilte er die Thesen an Freunde, die sie dann veröffentlichten und damit die Diskussion in ganz Europa anfachten.

3. Luther musste sich beim Übersetzen der Bibel häufig zwischen einer wörtlichen und einer sinngemäßen Übersetzung entscheiden.

   a) Kannst du dir vorstellen, was der Unterschied zwischen diesen beiden Möglichkeiten ist? Beschreibe ihn mit deinen eigenen Worten.

      Bei einer wörtlichen Übersetzung hält man sich genau an den Wortlaut des Originaltextes. Bei einer sinngemäßen Übersetzung hingegen ist der Inhalt und der Sinn wichtiger, auch wenn einige Wörter anders übersetzt oder umschrieben werden.

   b) Besonders bei Sprichwörtern (die auch in der Bibel vorkommen) ist nur einer dieser beiden Wege sinnvoll. Welcher ist es? Begründe deine Entscheidung.

      Sprichwörter sollten unbedingt sinngemäß übersetzt werden, da die unterschiedlichen Sprachen oft mit ganz verschiedenen Wörtern denselben Inhalt ausdrücken. (Z.B. heißt „Alles zu seiner Zeit" auf Englisch „Don't cross a bridge till you come to it." – „Überquere keine Brücke, bevor du dort bist". Und wenn du eine „Eselsbrücke" wörtlich als „donkey bridge" übersetzt, dürfte dich jeder Engländer verwirrt anschauen …)

4. Luther gab sich bei seiner Übersetzung Mühe, „dem Volk aufs Maul zu schauen". Was könnte er damit gemeint haben?

   Luther benutzte für seine Übersetzung eine möglichst alltagstaugliche Sprache, denn er wollte, dass jeder, auch weniger gebildete Menschen, seine Texte verstehen konnte.

Luther übersetzt die Bibel ins Deutsche

5. Luther lernte für die Übersetzung neben Latein auch noch Hebräisch und Griechisch, da die Bibel ursprünglich in diesen Sprachen geschrieben worden war. Warum war es ihm wichtig, den Originaltext lesen zu können?

   Die lateinische Bibel ist bereits eine Übersetzung aus dem Hebräischen (Altes Testament) und Griechischen (Neues Testament). Da bei jeder Übersetzung Fehler passieren können und immer die Interpretationen des Übersetzers einfließen, wollte Luther lieber einen „fehlerfreien" Originaltext als Grundlage verwenden und entschied sich für den Text in den Originalsprachen.

6. Seit Luthers Übersetzung sind fast 500 Jahre vergangen. Würde man heute „dem Volk aufs Maul schauen", käme wohl eine ganz andere Übersetzung zu Stande.

   a) In der Tabelle siehst du drei Verse aus der Bibel, die zwei verschiedene Menschen in ihre Umgangssprache übersetzt haben. Schneide die Sätze unten aus, und klebe sie an den richtigen Stellen in die Tabelle!

Luther:	**Ein Gerechter fällt siebenmal und steht wieder auf, aber die Gottlosen versinken im Unglück.** (Sprüche Kapitel 24, Vers 16)	**Der Mensch lebt nicht vom Brot allein.** (Matthäus Kapitel 4, Vers 4)	**Weh dem, der allein ist, wenn er fällt.** (Prediger Kapitel 4, Vers 10)
Svenja, 13 Jahre, Schülerin:	Lisa schreibt immer ab, weil sie nie lernt, und bekommt bessere Noten als ich. Aber irgendwann fällt sie damit auf die Nase und bekommt keine Ausbildungsstelle.	Was nützt es, Inlineskater und tolle Computerspiele zu haben, wenn niemand Zeit hat, das alles mit mir zusammen auszuprobieren?	Ohne Freunde, die mich aufbauen, wenn es mir schlecht geht, würde ich gar nicht klarkommen.
Michael, 40 Jahre, Manager:	Ehrlichkeit zahlt sich doch aus, irgendwann bekommt jeder, was er verdient.	In meinem Job verdiene ich sehr gut. Aber meine Familie ist mir wichtiger als die Arbeit.	Allein lassen sich viele Probleme nicht lösen, da bin ich froh, dass ich ein gutes Team um mich habe.

   b) Formuliere selbst eine Übersetzung dieser drei Bibelverse. Wie würdest du den Inhalt ausdrücken?

   = individuelle Lösung

Die Bibel heute

Über viele Jahrhunderte hinweg spielten die christliche Religion und damit auch die Bibel in Europa eine sehr wichtige Rolle im Leben der Menschen. Dies lässt sich unter anderem an folgenden Punkten ablesen:

Der Kölner Dom (Baubeginn war im 13. Jh.) überragt gut sichtbar die Stadt.

- Die **größten und prächtigsten Gebäude** in den mittelalterlichen Städten waren immer die Kirchen – in vielen Städten sind sie bis heute die typischen Wahrzeichen.
- Fast jede Familie hatte damals eine Familienbibel, in die vorne der Stammbaum mit den Namen aller **Familienmitglieder** eingetragen wurde.
- Als Johannes Gutenberg den Buchdruck erfand, **druckte er als Erstes eine Bibel**, weil sie die wichtigste Schrift der damaligen Zeit war.
- Bevor Luther die Bibel übersetzte, sprachen die Menschen in allen Teilen Deutschlands so unterschiedliche Dialekte, dass sie sich manchmal kaum verständigen konnten – erst durch die gemeinsame Bibel setzte sich auch eine **gemeinsame deutsche Sprache** durch, weil die Lutherbibel im ganzen Land verbreitet war.

Heutzutage haben weitaus weniger Menschen einen engen Bezug zu Gott und der Kirche. Viele halten die Bibel für veraltet. Diese Meinung kann man leicht nachvollziehen, denn wie soll dieses Buch heute noch eine Bedeutung haben, wenn sie doch Texte aus längst vergangenen Zeiten enthält?

Andererseits feiern die meisten Menschen in Europa noch immer die großen christlichen Feste Weihnachten und Ostern, und unser ganzer Kalender orientiert sich an solchen religiösen Festen, die auf Geschichten in der Bibel zurückgehen (sonst hättest du viel seltener im Jahr schulfrei).

Wenn man genau hinschaut, finden sich erstaunlich viele weitere **Spuren der Bibel in unserem Alltag**. Ein wichtiges Beispiel sind Sprichwörter: Wenn jemand sagt, etwas sei so häufig „wie Sand am Meer", dann benutzt er einen Ausdruck aus der Geschichte über Abraham aus dem Buch Genesis: Gott versprach Abraham so viele Nachkommen „wie Sand am Meer und wie Sterne am Himmel". Auch in der Werbung wird immer wieder Bezug auf die Bibel genommen: Z.B. gibt es ein Plakat von der Bild-Zeitung, auf der Mose mit den Gebotstafeln in den Händen abgebildet ist. Daneben steht der Satz „Wer etwas Wichtiges zu sagen hat, macht keine langen Sätze". Die Zeitung spielt also auf die Zehn Gebote an (die ja tatsächlich in sehr kurzen, aussagekräftigen Sätzen formuliert sind) und möchte wohl gerne für genauso wichtig gehalten werden.

Wenn wir uns also bis heute immer wieder auf die Bibel beziehen – ist sie dann vielleicht doch nicht so veraltet, wie viele glauben?

Die Bibel heute

1. Was denkst du – warum sehen viele Menschen die Bibel heute als „veraltet“ an?

2. Wann spielt die Bibel in deinem Alltag eine Rolle? Habt ihr eine (Familien-)Bibel im Haus? Hast du schon einmal hineingeschaut?

3. Schlage die folgenden Bibelstellen nach, und fülle die Tabelle aus:

Bibelstelle	Welches Sprichwort stammt aus dieser Bibelstelle?	Was bedeutet es?
Matthäus Kapitel 27, Vers 24		
4. Mose (Numeri) Kapitel 33, Vers 55		

4. Auf welche Bibelstelle wird bei dieser Werbeanzeige angespielt? Was wollte der Erfinder dieser Anzeige vermutlich bewirken?

5. Gestalte selbst eine Werbeanzeige, bei der du dich in Text und/oder Bild auf die Bibel beziehst!

Die Bibel heute

STATION 9 Lösungsblatt

1. Was denkst du – warum sehen viele Menschen die Bibel heute als „veraltet" an?

   Die Bibel enthält sehr alte Texte, die vielen Menschen heute nicht mehr wichtig erscheinen. Sie denken, dass sich die Texte nicht auf unsere moderne Zeit anwenden lassen.

2. Wann spielt die Bibel in deinem Alltag eine Rolle? Habt ihr eine (Familien-)Bibel im Haus? Hast du schon einmal hineingeschaut?

   = individuelle Lösung – eventuell spielt die Bibel an Weihnachten und Ostern oder in anderen Gottesdiensten für dich eine Rolle; vielleicht auch bei der Konfirmation oder Kommunion; womöglich sprecht ihr zu Hause auch ein Tischgebet vor dem Essen ...

3. Schlage die folgenden Bibelstellen nach, und fülle die Tabelle aus:

Bibelstelle	Welches Sprichwort stammt aus dieser Bibelstelle?	Was bedeutet es?
Matthäus Kapitel 27, Vers 24	„Ich wasche meine Hände in Unschuld"	Jemand hält sich für unschuldig und will mit einer schlechten Sache nichts zu tun haben.
4. Mose (Numeri) Kapitel 33, Vers 55	„Das ist mir ein Dorn im Auge."	Irgendetwas stört jemanden ganz gewaltig.

4. Auf welche Bibelstelle wird bei dieser Werbeanzeige angespielt? Was wollte der Erfinder dieser Anzeige vermutlich bewirken?

   Es wird auf die Schöpfungsgeschichte angespielt. Die Anzeige will sagen, dass Gott nur das „Rohmaterial" geliefert hat und dass erst Handwerker die Welt so gestaltet haben, wie wir sie kennen. So soll die große Bedeutung der Handwerker in unserer Gesellschaft betont werden.

5. Gestalte selbst eine Werbeanzeige, bei der du dich in Text und/oder Bild auf die Bibel beziehst!

   = individuelle Lösung

Die Bibel heute

Über viele Jahrhunderte hinweg prägte die christliche Religion und damit auch die Bibel die **Kultur des Abendlandes**. Dies lässt sich unter anderem an folgenden Punkten ablesen:

Der Kölner Dom (Baubeginn war im 13. Jh.) überragt gut sichtbar die Stadt.

- Die **größten und prächtigsten Gebäude** in den mittelalterlichen Städten waren immer die Kirchen – in vielen Städten sind sie bis heute die typischen Wahrzeichen.
- Fast jede Familie hatte damals eine **Familienbibel**, in die vorne der Stammbaum mit den Namen aller Familienmitglieder eingetragen wurde.
- Als Johannes Gutenberg den Buchdruck erfand, **druckte er als Erstes eine Bibel**, weil sie die wichtigste Schrift der damaligen Zeit war.
- Bevor Luther die Bibel übersetzte, sprachen die Menschen in den verschiedenen Teilen des deutschen Kaiserreichs so unterschiedliche Dialekte, dass sie sich manchmal kaum verständigen konnten – erst durch die gemeinsame Bibel setzte sich auch eine **gemeinsame deutsche Sprache** durch, weil die Lutherbibel im ganzen Land verbreitet war.

In unserer heutigen Zeit tritt die Religion immer weiter in den Hintergrund und spielt im Alltag eine immer kleinere Rolle. Weitaus weniger Menschen haben einen engen Bezug zu Gott und der Kirche, und viele halten die Bibel für veraltet.

Andererseits feiern die meisten Menschen in Europa noch immer die großen christlichen Feste Weihnachten und Ostern, und unser ganzer Kalender orientiert sich an solchen religiösen Festen, die auf Geschichten in der Bibel zurückgehen (sonst hättest du viel seltener im Jahr schulfrei).

Wenn man genau hinschaut, finden sich erstaunlich viele weitere **Spuren der Bibel in unserem Alltag**. Ein wichtiges Beispiel sind Sprichwörter und Redensarten: Wenn jemand sagt, etwas sei so häufig „wie Sand am Meer", dann benutzt er einen Ausdruck aus der Geschichte über Abraham aus dem Buch Genesis: Gott versprach Abraham so viele Nachkommen „wie Sand am Meer und wie Sterne am Himmel". Auch in der Werbung wird immer wieder Bezug auf die Bibel genommen. Dabei ist es gerade in Werbeanzeigen wichtig, dass Anspielungen ohne große Erklärung verstanden werden, sonst verliert die Werbebotschaft ihre Wirkung. Dass dennoch immer mal wieder auf die Bibel Bezug genommen wird, zeigt, wie vertraut uns die Geschichten und Sprichwörter auch heute noch sind – auch wenn wir uns darüber oft nicht bewusst sind. Gelegentlich wird sogar in Popsongs auf biblische Geschichten oder zumindest einzelne Szenen Bezug genommen.

Wenn wir uns also bis heute immer wieder auf die Bibel beziehen – ist sie dann vielleicht doch nicht so veraltet, wie viele glauben?

Die Bibel heute

1. Was denkst du – warum sehen viele Menschen die Bibel heute als „veraltet" an?

____

____

____

2. Wann spielt die Bibel in deinem Alltag eine Rolle? Habt ihr eine (Familien-)Bibel im Haus? Hast du schon einmal hineingeschaut?

____

____

____

3. Hier siehst du einige Sprichwörter, die sich auf biblische Texte beziehen.
   ___ Ich wasche meine Hände in Unschuld.
   ___ Das ist mir ein Dorn im Auge.
   ___ Er geht in Sack und Asche.
   ___ Das ist das A und O.
   ___ Stelle dein Licht nicht unter den Scheffel.

   a) Suche dir eines dieser Sprichwörter aus – was bedeutet dieses Sprichwort?

   ____

   ____

   b) Auf welche Bibelstelle bezieht es sich? Verwende dazu die Konkordanz (dort kannst du Bibelstellen zu bestimmten Stichwörtern nachschlagen) oder ein Sprichwörterbuch.

   ____

   c) Erkläre kurz die Bedeutung der Redensart aus dem biblischen Zusammenhang.

   ____

   ____

   ____

   ____

   d) Welche weiteren Sprichwörter aus der Bibel kennst du? Erstelle eine Liste auf einem Extra-Zettel.

4. Auch in der Werbung wird häufig auf die Bibel Bezug genommen. Einige Beispiele liegen an dieser Station aus. Suche dir eine der Anzeigen aus, und beantworte dazu die folgenden Fragen. (Du kannst natürlich auch selbst im Internet nach Anzeigen suchen und diese analysieren. Wenn du eine solche Anzeige gefunden hast, solltest du sie ausdrucken und zu diesem Arbeitsblatt heften.)

   a) Was ist auf der Anzeige zu sehen? Beschreibe so genau wie möglich.

   ____

   ____

   ____

b) Auf welche Bibelstelle wird in der Anzeige Bezug genommen?

c) Was soll dieses Motiv bewirken?

5. Gestalte selbst eine Werbeanzeige, bei der du dich in Text und/oder Bild auf die Bibel beziehst!
6. Überlege: Wohin kann eine solche Verwendung der Bibel in der Werbung führen?

7. Kennst du weitere Beispiele (z.B. Lieder, Gedichte ...), in denen ein Bezug zu biblischen Themen besteht? Welche Bibelstellen werden dort verwendet und in welchem Zusammenhang?

Die Bibel heute

1. Was denkst du – warum sehen viele Menschen die Bibel heute als „veraltet" an?

   Die Geschichten der Bibel sind zwischen 2000 und 4000 Jahre alt, viele Menschen denken daher, dass sie heute keine Bedeutung mehr haben, weil sie nicht auf unsere moderne Zeit anwendbar sind.

2. Wann spielt die Bibel in deinem Alltag eine Rolle? Habt ihr eine (Familien-)Bibel im Haus? Hast du schon einmal hineingeschaut?

   = individuelle Lösung – eventuell spielt die Bibel an Weihnachten und Ostern oder in anderen Gottesdiensten für dich eine Rolle; vielleicht auch bei der Konfirmation oder Kommunion; womöglich sprecht ihr zu Hause auch ein Tischgebet vor dem Essen …

3. Hier siehst du einige Sprichwörter, die sich auf biblische Texte beziehen.
   a) Suche dir eines dieser Sprichwörter aus – was bedeutet dieses Sprichwort?
   b) Auf welche Bibelstelle bezieht es sich? Verwende dazu die Konkordanz (dort kannst du Bibelstellen zu bestimmten Stichwörtern nachschlagen) oder ein Sprichwörterbuch.
   c) Erkläre kurz die Bedeutung der Redensart aus dem biblischen Zusammenhang.

	a) Bedeutung	b) und c) Textstelle und biblische Bedeutung
Ich wasche meine Hände in Unschuld.	Man möchte mit etwas nichts zu tun haben, vor allem nicht verantwortlich dafür sein.	Matthäus Kapitel 27, Vers 24: Pontius Pilatus will deutlich machen, dass die Verurteilung Jesu nicht seine Schuld ist.
Das ist mir ein Dorn im Auge.	Etwas stört jemanden ganz gewaltig.	4. Mose Kapitel 33, Vers 55: Nicht besiegte Feinde werden zu einem ständigen Ärgernis, bezeichnet als „Dorn im Auge".
Er geht in Sack und Asche.	Jemand trauert.	Esther Kapitel 4, Vers 1 (u.a.): Das Tragen von Sack (als Kleidung) und Asche war sichtbares Zeichen von Trauer und Verzweiflung (ähnlich wie heute schwarze Kleidung)
Das ist das A und O.	Etwas ist sehr wichtig.	Off Kapitel 21, Vers 6: A (Alpha) und O (Omega) sind der erste und letzte Buchstabe des griechischen Alphabets. A und O steht also für Anfang und Ende.
Stelle dein Licht nicht unter den Scheffel.	Jemand soll seine Fähigkeiten selbstbewusst zeigen und sich nicht schlechter darstellen, als er ist.	Matthäus Kapitel 5, Vers 14: Jesus weist seine Jünger an, selbstbewusst den Glauben zu vertreten und als Vorbild für andere zu dienen. (Scheffel = Holzgefäß, um Getreide abzumessen)

d) Welche weiteren Sprichwörter aus der Bibel kennst du?
Erstelle eine Liste auf einem Extra-Zettel.

= individuelle Lösung

4. Auch in der Werbung wird häufig auf die Bibel Bezug genommen. Einige Beispiele liegen an dieser Station aus. Suche dir eine der Anzeigen aus, und beantworte dazu die folgenden Fragen. (Du kannst natürlich auch selbst im Internet nach Anzeigen suchen und diese analysieren. Wenn du eine solche Anzeige gefunden hast, solltest du sie ausdrucken und zu diesem Arbeitsblatt heften.)

a) Was ist auf der Anzeige zu sehen?
Beschreibe so genau wie möglich.

b) Auf welche Bibelstelle wird in der Anzeige Bezug genommen?

c) Was soll dieses Motiv bewirken?

= individuelle Lösung

5. Gestalte selbst eine Werbeanzeige, bei der du dich in Text und/oder Bild auf die Bibel beziehst!

= individuelle Lösung

6. Überlege: Wohin kann eine solche Verwendung der Bibel in der Werbung führen?

Wenn die Bibel häufig für Werbeslogans benutzt wird, kann das einerseits zu einer gewissen Abstumpfung gegenüber der Bibel und ihrem Inhalt führen. Eventuell geht auch die wahre Bedeutung oder Botschaft hinter einem Spruch aus der Bibel verloren oder wird verfälscht. Andererseits werden die Geschichten und Figuren der Bibel so auch „am Leben gehalten“.

7. Kennst du weitere Beispiele (z.B. Lieder, Gedichte …), in denen ein Bezug zu biblischen Themen besteht? Welche Bibelstellen werden dort verwendet und in welchem Zusammenhang?

= individuelle Lösung

Alte Schriftrollen werden entdeckt

WAHLSTATION **1** Spielanleitung

Im Jahr 1947 wurden in Israel Schriftrollen mit vielen Texten aus dem Alten Testament gefunden. Die Rollen sind teilweise über 2000 Jahre alt und damit die ältesten biblischen Schriften, die jemals entdeckt wurden. Am eindrucksvollsten ist eine Rolle, die das Buch Jesaja enthält – in 2000 Jahren hat sich an diesem Text tatsächlich nichts verändert.

In diesem Spiel erfahrt ihr, wie diese Rollen entdeckt wurden und was dann mit ihnen geschah …

Spielanleitung

Das Spiel ist für 2–4 Spieler geeignet.

Darum geht's: Ihr seid Beduinen-Kinder, das heißt, eure Familien leben in Zelten wie schon eure Vorfahren Abraham und Isaak vor 4000 Jahren. Schon seit ihr laufen könnt, habt ihr mitgeholfen, die Ziegen der Familie zu hüten, denn diese Tiere sind euer wichtigster Besitz. Eines Tages seid ihr in der Wüste in der Nähe des Toten Meeres unterwegs. Die Landschaft ist sehr trocken, doch eure Ziegen finden immer noch ein paar Grasbüschel. Dieser Tag beginnt wie jeder andere – doch dann geschehen ganz unerwartete Dinge …

Benötigtes Material

- Spielfeld
- Würfel
- eine Spielfigur pro Spieler
- 12 Ereigniskarten (4 rote, 4 blaue, 4 grüne)
- Zettel und Stift

Vorbereitung

- Legt die bunten Ereigniskarten nach Farbe geordnet mit dem Wort „Ereigniskarte" nach oben neben das Spielfeld.
- Jeder von euch sucht sich eine Figur aus und stellt sie auf den Startpunkt.

Spielverlauf

- Der jüngste Spieler beginnt und würfelt. Wenn er eine Augenzahl zwischen 1 und 5 würfelt, muss er die entsprechende Anzahl an Schritten vorwärtsgehen. Wird eine 6 gewürfelt, darf der Spieler sich aussuchen, wie viele Schritte (zwischen 1 und 6) er vorrücken möchte. (Es dürfen übrigens mehrere Spieler gleichzeitig auf einem Spielfeld stehen.)
- Die großen Ereignisfelder **müssen** betreten werden, und zwar mit der **passenden** Augenzahl – würde ein Spieler mit dem nächsten Zug über ein Ereignisfeld hinwegziehen, verfällt der Zug, und der Spieler muss warten, bis er die passende Augenzahl wirft.
- Gelangt ein Spieler auf ein Ereignisfeld, so muss er den Anweisungen dort auf dem Spielfeld (beziehungsweise auf der Ereigniskarte) folgen. Durch die Ereignisfelder werden Punkte gesammelt (oder verloren) – sie werden für jeden Spieler auf einem Zettel notiert.
- Wer als Erster im Ziel ankommt (hier ist keine passende Augenzahl nötig), erhält vier Zusatzpunkte, der Zweite erhält drei Punkte, der Dritte zwei, der Vierte einen Punkt.
- Sobald alle Spieler das Ziel erreicht haben, ist das Spiel zu Ende. Wer die meisten Punkte gesammelt hat, ist Sieger.

Alte Schriftrollen werden entdeckt

Ereigniskarte

Ich klettere in die Höhle hinein, um nachzusehen.

Die Höhle ist ziemlich eng für einen Menschen und sehr dunkel, doch du kannst in dem schwachen Licht Tonkrüge in einer Felsnische erkennen. In den Tonkrügen sind Schriftrollen, die ziemlich alt aussehen. Du hoffst, dass du diese Rollen verkaufen kannst, um etwas Geld zu verdienen.

Du bekommst 2 Punkte.

Ereigniskarte

Ich werfe einen Stein in die Höhle.

Statt einem empörten „Mäh" hörst du ein Klirren. Du schaust nach und entdeckst in der Höhle mehrere Tonkrüge.

In den Tonkrügen sind Schriftrollen, die ziemlich alt aussehen. Du hoffst, dass du diese Rollen verkaufen kannst, um etwas Geld zu verdienen.

Du bekommst 3 Punkte.

Ereigniskarte

Ich ignoriere die Höhle, denn da wird die Ziege bestimmt nicht hineingefallen sein.

Tja, du musst jetzt noch lange weitersuchen. Springe zurück bis zum letzten Ereignisfeld, und gehe ab der nächsten Runde den normalen Weg weiter.

Du bekommst leider keinen Punkt.

Ereigniskarte

Ich rufe nach der Ziege.

Ob das Tier nun in der Höhle ist oder nicht, es kommt keine Reaktion. Du bist ziemlich wütend und musst dir in der nächsten Runde etwas anderes einfallen lassen.

Bleibe hier stehen, und nimm in der nächsten Runde eine andere Karte.

Du bekommst leider keinen Punkt.

Alte Schriftrollen werden entdeckt

Ereigniskarte 1	Du hast die Ziege nicht wiedergefunden und großen Ärger bekommen. Die Geschichte von den Tonkrügen und den Schriftrollen war deinen Eltern völlig egal. **Du verlierst zwei Punkte.**
Ereigniskarte 2	Du hast die Ziege nicht wiedergefunden, aber wegen der Belohnung, die du vom Bischof bekommen hast, waren deine Eltern nicht so wütend. Allerdings musstest du ihnen diese Belohnung als Entschädigung für die Ziege geben. **Du verlierst die Punkte, die du beim Bischof bekommen hast.**
Ereigniskarte 3 oder 4	Du hast die Ziege doch noch gefunden und niemandem von deinem Abenteuer erzählt. **Dein Punktestand verändert sich nicht.**
Ereigniskarte 5 oder 6	Du hast die Ziege doch noch gefunden, und deine Eltern sind von deinem Abenteuer begeistert. **Du bekommst einen Punkt.**

Alte Schriftrollen werden entdeckt

Ereigniskarte Ich gehe zu den beiden Männern hin und frage interessiert nach, was mit den Schriftrollen passiert ist.	Die Männer erzählen dir, dass die Rollen verkauft werden sollen und dass sie gerne für ein Museum hier in Israel kaufen möchten. Als sie schließlich hören, dass du es warst, der die Rollen gefunden hat, bitten sie dich um ein Interview. Du bekommst 3 Punkte.
Ereigniskarte Ich gehe zu den beiden Männern hin und sage, dass ich diese Schriftrollen gefunden habe und wissen will, was damit passiert ist.	Die Männer halten dich für einen Angeber und ignorieren dich zunächst. Als du nicht lockerlässt, erzählen sie dir aber trotzdem, dass die Rollen verkauft werden sollen und dass sie sie gerne für ein Museum hier in Israel kaufen würden. Du bekommst 2 Punkte.
Ereigniskarte Ich belausche die beiden Männer, weil ich neugierig bin.	Du hörst, dass „deine" Rollen in Amerika verkauft werden und dass die beiden Männer sie für ein israelisches Museum kaufen möchten. Du freust dich darüber, dass die Rollen tatsächlich so berühmt geworden sind. Du bekommst einen Punkt.
Ereigniskarte Ich beachte die beiden Männer nicht weiter, da mich die Schriftrollen nicht mehr interessieren.	Pech gehabt, das wäre vielleicht die Chance gewesen, mit diesen Rollen berühmt zu werden. Du bekommst leider keinen Punkt.

Alte Schriftrollen werden entdeckt

Spielfeld

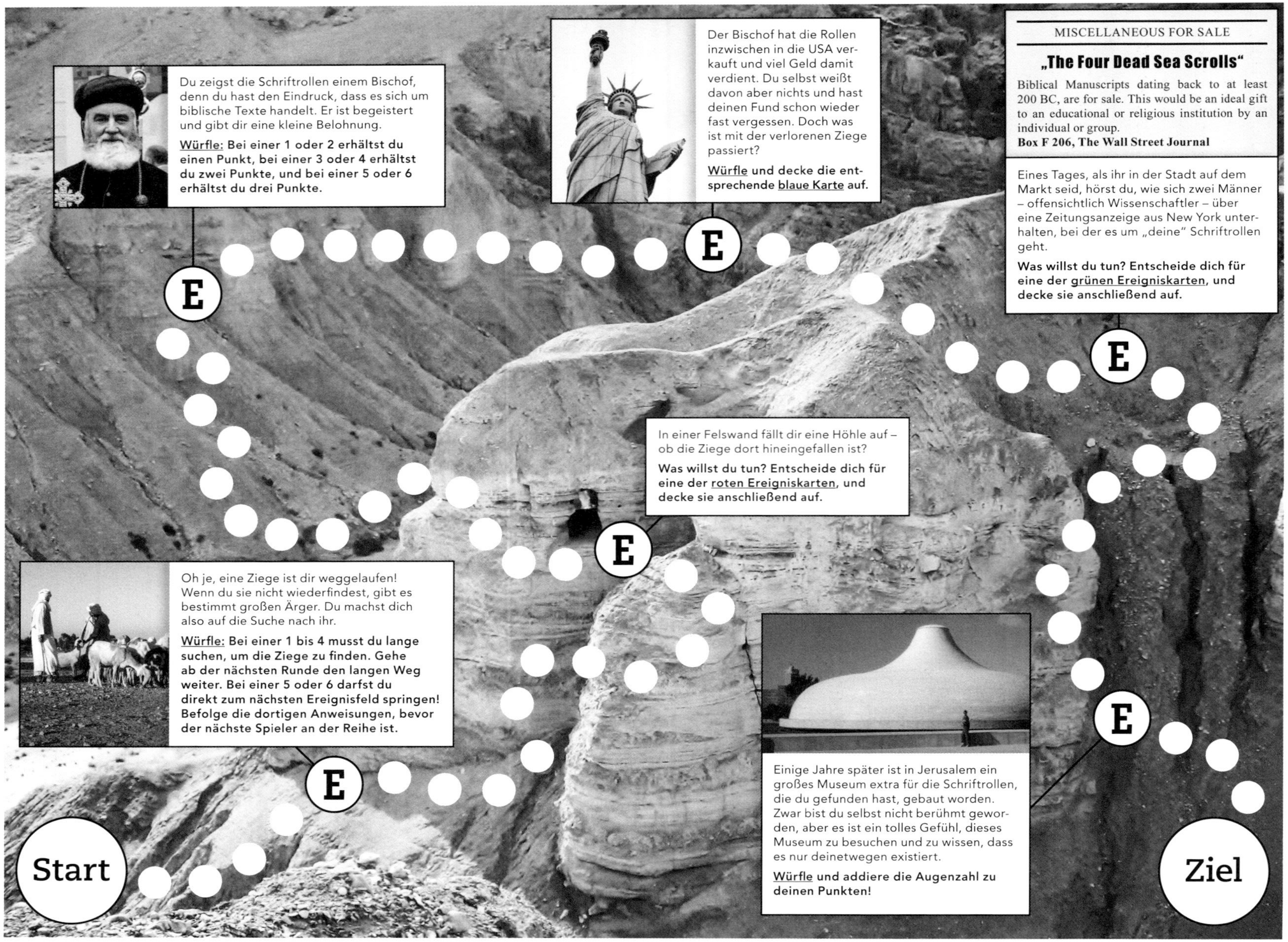

Stelle dir vor, du hast in einem Buch einen besonders lustigen oder interessanten Satz gelesen und möchtest einen Freund, der dasselbe Buch hat, auf diesen Satz aufmerksam machen. Du könntest ihm dann einfach die Seitenzahl nennen, und er könnte in seinem Buch nachschauen. Das funktioniert aber nur, wenn ihr beide dieselbe Ausgabe des Buches habt.

Von der Bibel gibt es allerdings unzählige verschiedene Ausgaben, sodass es nicht ausreicht, eine Seitenzahl anzugeben. Bei den beiden Bibelausgaben, die an dieser Station liegen, kannst du selbst nachsehen und wirst feststellen, dass auf der gleichen Seitenzahl völlig unterschiedliche Texte stehen können.

Deshalb gibt man für eine Bibelstelle statt einer Seitenzahl immer zuerst das Buch an, in dem der Text steht, z.B. das Lukasevangelium. Die einzelnen Bücher sind in Kapitel unterteilt, und die Kapitel wiederum in Verse. Man sagt dann z.B.:

„Der Text steht im Lukasevangelium, im 2. Kapitel, im 10. Vers."

Da diese Angabe ziemlich lang ist, kürzt man sie schriftlich meistens so ab:

„Lukas 2,10"

Um die Stelle nun in der Bibel nachzuschlagen, gehst du folgendermaßen vor:

1. Schlage das Inhaltsverzeichnis der Bibel auf, und suche das „Evangelium nach Lukas".
2. Schlage die Seite auf, auf der dieses Evangelium beginnt.
3. Suche nun das angegebene Kapitel, also das zweite. Oben auf jeder Seite stehen die Kapitelzahlen. Sie stehen auch groß direkt im Text.
4. Wenn du das Kapitel gefunden hast, suche darin den angegebenen Vers, also den zehnten. Die Verse erkennt man an den kleinen (meist hochgestellten) Zahlen vor den Sätzen.

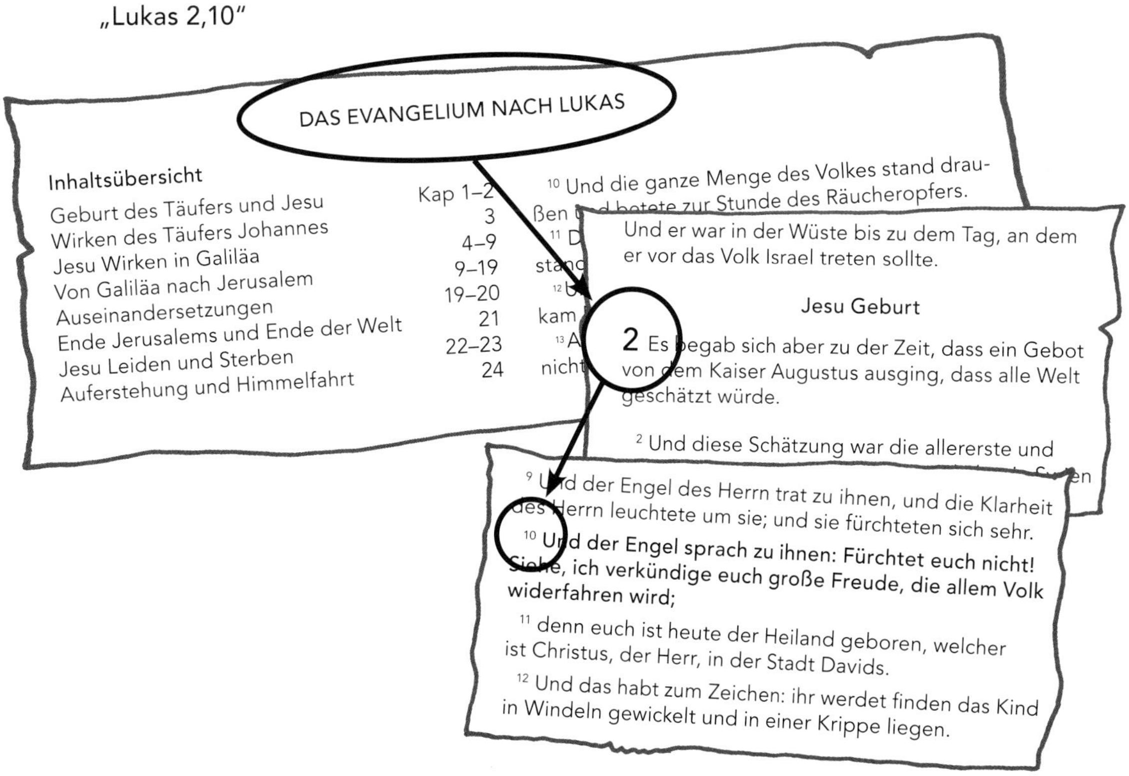

Bibelstellen-Rätsel

WAHLSTATION 2 | Arbeitsblatt

Kreuzworträtsel

Jetzt bist du dran! Schlage in einer Lutherbibel die im Kreuzworträtsel angegebenen Stellen nach, und trage die Wörter unten ein. Die Buchstaben in den Kreisen ergeben das Lösungswort.

Josua 3,8 (8. Wort):	☐	☐	☐	☐	☐	☐	◯	☐	☐	☐	
Offenbarung 1,9 (4. Wort):					☐	☐	◯	☐	☐	☐	
Matthäus 21,12 (6. Wort):							◯	☐	☐	☐	☐ ☐
Römer 10,11 (3. Wort):					☐	☐	◯	☐	☐	☐	☐
Psalm 32,6 (7. Wort):						☐	◯	☐	☐	☐	
Genesis (= 1. Mose) 35,21 (2. Wort):					☐	☐	◯	☐	☐	☐	

Lösungswort: ☐ ☐ ☐ ☐ ☐ ☐

Du kannst dein Ergebnis nun mit dem ebenfalls an der Station ausliegenden Lösungsblatt vergleichen.

Bibelstellen-Rätsel

WAHLSTATION 2 | Lösungsblatt

Lösung

Josua 3,8 (8. Wort):	B	U	N	D	E	S	(L)	A	D	E	
Offenbarung 1,9 (4. Wort):					B	R	(U)	D	E	R	
Matthäus 21,12 (6. Wort):							(T)	E	M	P	E L
Römer 10,11 (3. Wort):					S	C	(H)	R	I	F	T
Psalm 32,6 (7. Wort):						B	(E)	T	E	N	
Genesis (= 1. Mose) 35,21 (2. Wort):					I	S	(R)	A	E	L	

Lösungswort: L U T H E R

Bibel-Tabu

Ziel und Regeln des Spiels

Bei dem bekannten Spiel „Tabu" geht es darum, einen Begriff zu beschreiben, ohne bestimmte andere Begriffe, die damit zusammenhängen, zu benutzen. Die Mitspieler müssen in einer festgelegten Zeit so viele Begriffe wie möglich erraten, wobei die Gegner darauf achten, dass keins der verbotenen Wörter verwendet wird.

Für dieses Spiel werden Karten benötigt, auf denen die entsprechenden Tabu-Begriffe aufgeführt sind.

Beispiel: Bei dieser Karte soll der Begriff „Bibel" beschrieben werden.

Bibel
Buch
Testament
Luther
heilig
Stationenlernen

- Die Begriffe „Buch", „Testament", „Luther", „heilig" und „Stationenlernen" dürfen dafür nicht verwendet werden.
- Außerdem darf auch keine andere **Form** eines Tabu-Wortes verwendet werden (in diesem Fall dürfte z.B. „biblisch" nicht als Tipp gegeben werden).
- Auch ein **Teil** eines Tabu-Wortes darf nicht genannt werden (in diesem Fall darf z.B. weder „Station" noch „lernen" gesagt werden).
- Reime oder der Hinweis „es klingt wie" sind ebenfalls verboten (hier z.B. „Es reimt sich auf ‚Fibel'").

Entwerft und spielt euer eigenes Bibel-Tabu!

Vorbereitung

Entwerft gemeinsam Tabukarten (pro Spieler ca. 5 bis 8), bei denen nur Begriffe erraten werden sollen, die in diesem Stationenlernen vorgekommen sind. Ihr könnt euch dazu z.B. in neun Kleingruppen einteilen, von denen jede Karten zu einer Station herstellt.

Durchführung

Teilt euch für das Spiel in zwei Gruppen auf, und legt eine Zeitdauer für jede Runde fest (z.B. 30 Sekunden). Team A wählt einen Schüler aus, der in der ersten Runde die Begriffe beschreibt, während seine Mitspieler versuchen, die Wörter zu erraten (Fehlversuche werden nicht bestraft). Ein oder zwei Schüler aus Team B schauen dem Beschreiber aus Team A über die Schulter und unterbrechen ihn, wenn er gegen die oben genannten Regeln verstößt. Ein anderer Spieler aus Team B achtet außerdem darauf, dass die Zeit nicht überschritten wird. Jede richtig erratene Karte zählt als Punkt für Team A, Team B bekommt hingegen je einen Punkt, wenn der Beschreiber gegen die Regeln verstößt oder eine Karte direkt beiseitelegt und mit der nächsten weitermacht.

Nach Ablauf der Zeit tauschen die Gruppen die Rolle, nun ist ein Spieler aus Team B an der Reihe, Begriffe zu beschreiben.

Das Team, das am Ende die meisten Punkte sammeln konnte, hat gewonnen.

Bibel-Tabu

Blanko-Tabu-Karten-Vorlage

Quellen und Medientipps

Alle in diesem Band aufgeführten Bibelzitate und -verweise basieren auf der **Lutherbibel der deutschen Bibelgesellschaft**, in der Fassung von 1984, erschienen 1991.

Literatur

Dieckmann, Detlef und Kollmann, Bernd:
Das Buch zur Bibel: Die Geschichte – die Menschen – die Hintergründe.
Gütersloher Verlagshaus, 2010.
ISBN 978-3-579-08047-5

In diesem auch als Nachschlagewerk nutzbaren Band finden Sie allerlei Wissenswertes, um sich weiteres Hintergrundwissen anzulesen.

Zwickel, Wolfgang:
Calwer Bibelatlas.
Calwer Verlag, 2000.
ISBN 978-3-7668-3702-8

Dieser Bibelatlas enthält auch eine passende Karte der Reisen des Paulus für **Station 4**.

Internet

www.tu-chemnitz.de/phil/leo/rahmen.php?seite=r_medn/mayer_bibel.php
und
www-user.uni-bremen.de/~mspiess/bilderseite-2.htm

Diese beiden Adressen liefern Ihnen einige potenzielle Werbeanzeigen für die **Station 9**. Neben der Anzeige vom Zentralverband des Deutschen Handwerks e.V., die bereits auf dem Arbeits- und Lösungsblatt von Niveau I analysiert wird, und der auf dem Infoblatt von Niveau I als Beispiel angegebenen Anzeige der BILD-Zeitung mit einer Abbildung von Mose, finden Sie hier …

… eine Anzeige der BILD-Zeitung mit dem Satz „Sensation! Mann geht übers Wasser – würde es heute passieren, stünde es in BILD" (Bibelstellenbezug: Jesus läuft über den See Genezareth zu seinen Jüngern; beabsichtigte Werbewirkung des Motivs: Die Zeitung behauptet, über alle weltbewegenden Dinge besonders schnell und exklusiv zu berichten.)

… eine Anzeige der BILD-Zeitung mit einer Abbildung von Adam, Eva und dem Apfel und dem Satz: „Nicht essen!" (Bibelstellenbezug: Sündenfall; beabsichtigte Werbewirkung des Motivs: Die Zeitung meint, ihre Informationen wären damals ernster genommen worden als die Warnung Gottes.)

... eine Anzeige der Zigaretten-Marke Camel mit einer Abbildung von einem Kamel, das einer Schlange gleich den Hals aus einem Baum streckt und einen Apfel im Mund hat, und mit dem Satz „Camels sind einfach verführerisch." (Bibelstellenbezug: Sündenfall; beabsichtigte Werbewirkung des Motivs: Die Zigaretten sollen genauso verführerisch sein wie der im Paradies verbotene Apfel.

www.doronia-shop.de/index.php/cPath/87_99_194

Unter dieser Adresse gibt es Nachbildungen der Tonkrüge aus Qumran zu kaufen – für die Schüler ist dies ein schönes Anschauungsobjekt für die **Wahlstation 1**.

www.dbg.de/navi/wir-in-deutschland/bibelzentren-in-deutschland.html

Unter diesem Link finden Sie eine Übersichtskarte der Bibelzentren und -museen in Deutschland. Ein Besuch eines solchen Erlebnismuseums bietet sich zum **Abschluss der Einheit** an.

Musik

Lieder, die biblische Themen oder Zitate verwenden, die Sie den Schülern bei **Station 9** als weitere „Spuren der Bibel im Alltag" zusätzlich an die Hand geben können, sind z.B.:

- Die Toten Hosen: 10 Gebote
  (Album: Opium fürs Volk, 1996)
- Blind Guardian: Precious Jerusalem
  (Album: A Night at the Opera, 2002)
- Saltatio Mortis: Sündenfall
  (Album: Sturm aufs Paradies, 2011)
- Lady Gaga: Judas
  (Album: Born this Way, 2011)

Alle Lieder können unter www.youtube.com angehört werden; auch die Texte finden sich problemlos im Internet.